歐洲餐桌上的漫遊

庭乃 桃　著

瑞昇文化

歡迎來到歐洲食物與歷史的世界

一說到「歐洲的食物」，大家的腦海中會浮現出什麼印象呢？

麵包、義大利麵、奶油、乳酪、葡萄酒還是啤酒？

香腸、烤牛肉、濃湯或是可樂餅？

我想腦海中浮現的食物大概會因人而異吧。

但仔細想想，其實我們每日的飯桌上有許多食物都是源自歐洲呢。

如今有許多世界上的食材、食譜輸入日本，人們也理所當然地能在餐廳或自己的家中享用到歐洲的料理。加上食品保存、冷藏與冷凍技術的進步，只要付一點錢便能夠輕易地取得當地的產品，這是日本這個國家的厲害之處。同時，食物的製造技術也變得廣為人知，因此有越來越多的商店會販賣自家生產且接近道地原味的產品。

就這層意義來說，對我們日本人而言，「歐洲的食物」可說是意外親近的存在。

但另一方面，各位是否曾經思考過這件事呢？

歐洲的人們原本是在什麼樣的生活與環境中食用這些料理的呢？

還有，為何這些食物會在這片土地上被人們長期地傳承下來並且變得如此熟悉呢？

「只是在不知不覺中吧——。」

當然也有這種狀況，但實際上其中有緣由的案例並不在少數。

因此這本書列舉了歐洲諸國的各種食材、料理的例證，嘗試解開食物流傳的背景之謎。

人們在四季分明的風景中，是在何時、何地、並且吃了些什麼呢——？

所謂融入在人們生活中的感覺，就是一種在極為漫長的歷史歲月中緩慢形成的東西。

「喜歡歐洲的食物。」

「雖然沒有去過歐洲，但以後想去走訪看看。」

「因為曾去歐洲旅行過，所以非常有興趣。」

「因為長期住在歐洲，所以很懷念。」

「雖然不清楚歐洲的事情，但喜歡品嘗美食和做料理。」

無論是抱持什麼興趣或是關心的面向都沒有關係，大家要不要先來一趟歐洲歷史與食物巡禮之旅呢？

從餐桌上的一道看起來很美味的料理出發，一定能開啟一段讓人期待不已的故事，在這個故事裡，蘊藏著許多好吃的食物、人們的生活智慧以及對歐洲的全新發現在等待著我們。

目錄

歡迎來到歐洲食物與歷史的世界……3

第一章　羅馬與日耳曼的遺產
南方的橄欖油與北方的奶油……10

第二章　黃色與綠色的春天
春之祭與復活節……26

第三章　太陽王鍾愛的「貴婦的指尖」
蔬菜女王蘆筍……44

第四章　土地的恩惠與人的智慧
乳酪的國王　帕馬森乳酪……62

第五章　庭院培育的香草、渡海的辛香料……82

第六章　充滿不可思議的夜
歐洲的萬聖節……100

第七章　「黃金蘋果」與「大地蘋果」
番茄與馬鈴薯的歐洲……122

終章　冬之風景
從聖誕節到狂歡節（謝肉祭）……142

後記　從食物看見的世界……152

歐洲餐桌上的漫遊

第1章

南方的橄欖油與北方的奶油

羅馬與日耳曼的遺產

當我們決定要來「煮晚餐」的時候，大家會先放什麼東西在鍋子或平底鍋上呢？當然，根據料理的不同會有先放水的狀況，不過如果是要炒或燉煮的料理，大家幾乎都會回答「油」吧。

如果是這樣，不是橄欖油就是奶油等油品類了吧。這些雖然不是做日式料理的必需品，但對西式料理來說就不一樣了。

對人體來說，「油脂」本來就是最能輕易補充能量的東西，而且大家也知道，如果沒有油，做出來的料理也好、味道的廣度也好，都會變得非常不一樣。

橄欖油與奶油

事實上，「控制橄欖油和奶油的人，就控制了歐洲的飲食文化！」這句話並非誇大，這裡還要加上對日本家庭來說恐怕並不熟悉的食材「豬油」，不過在此之前，我想先試著解開圍繞著歐洲「油脂」的飲食風情之謎。

以前的歐洲，說到「油」就是指橄欖油。為什麼這樣說呢？因為在創造歐洲世界基礎的古希臘、羅馬文明裡，「油」一詞就是從「橄欖」衍生而來的。

在希臘語中，「油」是「elaion」，而「橄欖」是「elaia」。

古代羅馬帝國雖然使用拉丁語，但「油」是「oleum」，「橄欖」是「oliva」。從字面上來看感覺多少有點相似（順帶一提，在拉丁語中「u」和「v」被視為是同一個字母）。

這些詞彙在發展過程中受到語言訛化的影響，最後被英語、德語、法語、義大利語所繼承（西班牙和葡萄牙因為在歷史上受阿拉伯文化影響，所以語言繼受的過程不太一樣，無法包括在內）。無論哪個國家的語言，「油」和「橄欖」的密切關聯都流傳至今，非常有趣。

那麼，為何橄欖油從古至今都如此被人所喜愛呢？

那是由於橄欖在許多層面的意義上來說都是「特別的樹木」。

橄欖樹非常地堅固並且耐熱，即使在幾乎不下雨的乾燥氣候中也能每年都結果實，其果實具有令人驚訝的豐富營養、富含油脂，有時即使發生大火，也會有新芽從被燒燬的橄欖樹根中長出，並在不知不覺中長成繁茂的枝葉。古希臘三大悲劇詩人之一的索福克勒斯就寫過：

不靠人力、自然地再生／被敵人的槍所畏懼／在這土地上繁茂生長的樹／養育幼童、灰色樹葉的橄欖樹／無論青年或老者都無法破壞它／守護聖橄欖的宙斯睜大著雙眼守護它／目光炯炯的雅典娜也看守它。（索福克勒斯，《伊底帕斯在柯隆納斯》，六九八～七〇五）

事實上，在橄欖的主要產地希臘、義大利、西班牙等，即便到現在仍有許多樹齡在數千年以上的老橄欖樹，橄欖樹無論遇到什麼氣候都能挺立的姿態，確實像是被神祇所守護著，是神聖的存在，如此我們也能理解這樣的橄欖樹為何最終會成為生命、和平、豐饒、勝利與光榮等形象的象徵。

老橄欖樹

更重要的是，橄欖作為油的原料，對每日的生活幫助極大。橄欖油不同於其他植物油，幾乎不用精煉作業即可作為食用油，加工極為容易。現在我們常聽到的「初榨橄欖油」即是榨壓橄欖果實而來，為一〇〇%的新鮮果汁，因為橄欖富含油脂，基本上只需要進行搗碎榨壓即可。

橄欖油除了食用以外也有其他重要用途，像是為了照明，橄欖油會被作為燈的火源使用，也會被使用在弔喪儀式。自從基督教興盛後，許多儀式中都使用橄欖油作為「神聖之油」，淡淡的黃綠色、散發著香味的透明橄欖油，非常適合作為洗淨儀式用的香油，而且比起更便宜且入手容易的獸脂，橄欖油燃燒時無色無臭，所以特別受歡迎。

橄欖油的主要成分是油酸，具有較易傳達風味與香氣的特性，人們也會利用這種特性，將橄欖油當作製作香水或軟膏時的溶劑，所以橄欖油自古以來就被人們所重視。

好吃又好用的橄欖油，當然就從中誕生出莫大的財富與權力。人們燃起熱情，想做出品質更好的橄欖油，因此研究栽培種植的方法，同時將油的品質以等級劃分，並且反覆嘗試許多實驗。另一方面，彷彿為了證明橄欖油的高人氣一般，在高品質的橄欖油中混入便宜豬油的「仿冒品」充斥市面，為此憂心忡忡的羅馬人於是在正品上貼上寫有橄欖油產地、製造商的名字、內容物、等級、進口者的名字等資訊的標籤，防止仿冒品流入市面。

那麼，在這個如此熱愛橄欖油的世界中，奶油到底是如何闖入人們的生活的呢？奶油與豬油，對住在地中海週邊的人們來說，將這兩項不太熟悉的油脂帶進來的，據說是來自羅馬帝國之外的日耳曼民族。

從北方來的日耳曼民族和羅馬帝國的人們過著完全迥異的生活，日耳曼人喜愛狩獵與戰鬥，不太從事農業活動，飼養半野生的家畜以獲得奶與肉，總之可說是「野蠻」——。

當時的羅馬人，一直以來都嗜吃麵包、葡萄酒與橄欖油，所以當他們看到與自己相差甚遠的日耳曼飲食文化時，是在非常吃驚的狀態下接受的。羅馬人塔西佗在《日耳曼尼亞志》一書中如此描述日耳曼人的飲料、食物。

> 有用大麥或小麥發酵製成的飲料，類似葡萄酒（＝啤酒類）。萊茵河邊的人們也會買紅酒，他們的食物很簡單，有野生水果、剛捕獲的獵物的肉以及凝乳等。
>
> （塔西佗，《日耳曼尼亞志》二三）

這裡出現的「凝乳」應該是類似乳酪的東西。把日耳曼人的這種飲食風格與羅馬人對照來看，就知道肉與乳是日耳曼人的主要營養來源，而且如果會吃獸肉的話，當然就容易取得豬油，有乳的話也就能做出奶油。

只是，也不是說此時的地中海世界完全沒有奶油，奶油的製作方法從小亞細亞（＝亞洲的西端、現在土耳其橫跨亞洲的半島一帶）傳進了地中海，主要用在醫療層面，在日耳曼人到來以前並不被視作「食物」，結果隨著日耳曼文化的擴大，他們帶來的奶油與豬油對歐洲的餐桌造成極大的作用。

也因此歐洲人發展出對應狀況，巧妙地分別使用橄欖油、奶油、豬油三種油脂的智慧。當然根據場合不同，歐洲人也經常會使用胡桃、罌粟籽、亞麻仁、菜籽等植物油，但是象徵古羅馬帝國「優越」飲食文化的橄欖油人氣驚人，其貿易出口甚至越過阿爾卑斯山脈，最遠抵達到現在的英國。

而且橄欖油是從植物而來，這對基督教徒而言在某段時期具有非常重要的意義，因為基督教在特定時期裡有齋戒期，在這段時間裡基本上一切的動物性食品都不能攝取（請參考第二、第四章）。雖然因為時代背景中的各種理由，這個禁慾規定慢慢演變成別的樣子，但在以前是很難打破規矩的，所以橄欖油在那個時代中非常珍貴，是奶油和豬油的替代品。

另一方面，奶油和豬油也供別的需求使用。

原本剛榨好的新鮮橄欖油是呈現淡綠色，具有辛味以及些微刺激喉嚨的苦味。因為有這樣獨特的風味，所以對以庶民飲食文化為主的北歐地區來說不太習慣，橄欖油在這裡不太受到喜愛。像是在中世紀，留下許多與健康和飲食相關言論的德國修女赫德嘉・馮・賓根，在其著作《自然界》中說過，橄欖油或許有很好的藥效，但卻不適合食用，「吃的話會讓人想吐，用於料理的話則是糟蹋食材。」

而且橄欖油在製作完成後品質就會開始逐漸下滑，許多運送到遠方的橄欖油都呈現「茶色且帶有酸味」，味道特別差。

而且根據地點不同，也有本身就很難入手橄欖油的狀況，特別是在運輸手段還不發達的從前，這是非常實際的問題。在歷史記錄上，那位有名的查理曼大帝也以「因為不像阿爾卑斯的對面、也就是義大利一樣容易取得橄欖油」為由，向教會請願希望能讓北方的修道院使用豬油。

更不用說以乳製成的奶油在溫暖的地區容易腐壞。豬油不易變質，而且比起奶油、橄欖油，價格上也更便宜，即使是與家畜共同生活的貧窮農民也吃得起，對他們來說，反而是像豬油這類的油脂才是非常重要的能量來源。

話說回來，奶油又變得如何呢？可能是因為「野蠻人食物」的印象根深蒂固，奶油並不被古羅馬人所喜愛。但是隨著時代演變，牛隻飼育普及，奶油的地位也慢慢地上升。

乳製品原本就是畜牧的主要產物，特別是在畜牧發達的歐洲大陸西北部地區（＝現在的荷蘭、比利時、北法的諾曼第和布列塔尼一帶的土地），奶油是非常普遍的食物。像是有一本最古老的乳製品相關論著裡提到，在布列塔尼，因為牛奶被大量用來製作奶油，所以造成乳酪的品質變差。

塗在麵包上的豬油。現今的德國、匈牙利、波蘭等地，仍有在麵包上塗豬油吃的習慣

不久後，歐洲開始非常流行在料理中使用奶油，這種變化始自十四～十五世紀，最後連以橄欖油為中心的義大利、西班牙都被捲入這股風潮之中，受到鄰國的影響，之後的料理書中也都看得到使用奶油的食譜。

由豬油以及其替代品橄欖油所構成的藍圖中，奶油以第三勢力的姿態，開始構築鞏固它的地位。

自從三者林立的狀況誕生後，油脂的世界就一口氣變得有活力了起來。

像是北歐的庶民因為有自己的飲食生活習慣和喜好，會使用奶油或豬油，而英國的貴族則為了要向周遭展示自己的威望，會特別花費運輸費用，從遙遠的地方取得橄欖油。至於在義大利，北部地區除了主要的橄欖油外，也會併用植物油和豬油，南部的菁英階層則不管奶油取得及保存上的困難（應該說是正因為如此，才能顯示出自己與他人的差異），特別看重奶油的價值。也有例子顯示，即使距離很近，但山岳地區和平原地區使用的油脂種類也會有所差異。

到了這個時候，油脂已經不是受到氣候和土地環境所限制的單純「食物」了，而是變成展現自己生活風格、喜好和社會階級的手段。

到了十七世紀，新的時代來臨，象徵過去古希臘、羅馬的食物・橄欖油變成沙拉製作專用，而稍微時髦一點的人則使用由奶油製成的奶油白醬，這些都變成是理所當然的事！但橄欖油也不落人後，其後也仿效奶油進入了醬料的領域。

淋在肉或魚上面的醬汁，開始加入了以前都沒使用過的「油脂」，歐洲的飲食文化產生了巨大變化。

「如果我是國王的話，我只喝油」——。

這是十七世紀的貧窮農民會掛在嘴邊的話語，這句話如實地傳達出在那個時代，「油脂」是富饒的象徵、也是令人憧憬的食品。

現在，我們已經生活在橄欖油、奶油以及豬油都能入手的時代。

對古代羅馬人來說幾乎等於未知食物的奶油和豬油，在經過漫長的時間推進後，逐漸融入進歐洲的餐桌。

在今日，憑著當天的心情選擇食材，來配合自己想做的料理，都變成是個人自由。

不過，當站在某些料理前時，試著稍微想想歐洲的飲食風景，面對總是吃慣的一道菜或許會有不同的發現也說不定。

西班牙香蒜小番茄

由令人食慾大開的蒜香和散發甜味的多汁小番茄所組成的夢幻料理（ajillo）。雖然是非常簡單就能製作的一道菜，但能讓人充分認識到橄欖油的潛力。推薦吃法是連同醬汁配著麵包吃，或是當成義大利麵醬。

●材料（2～3人份）

- 小番茄……約20個
- 鹽……少許
- 奧勒岡葉、羅勒（切好的或乾燥）……各少許
- 切碎的香芹……適量

【A】

- 橄欖油……4大匙
- 切碎的大蒜……1小匙

●作法

1.取下番茄蒂，直切成兩半。

2.在平底鍋或小鍋子裡加入【A】，用小火煮到散發大蒜香，加入小番茄。

3.調成強火，搖晃平底鍋讓橄欖油均勻散布，加入鹽巴、奧勒岡葉和羅勒調味。

4.煮到小番茄皺皮後關火，可隨自己喜好灑上香芹增色。

食譜連結：https://oceans-nadia.com/user/26/recipe/127135

●作法

1.雞肉切成一口的大小，用鹽巴和白胡椒預先調味。將洋蔥剁碎，取下蘑菇蒂頭，切成適合入口的大小。如果大蒜瓣太大就對切，再用菜刀腹拍碎。

2.在深平底鍋或鍋子裡加熱橄欖油，將雞肉以皮朝下的方式平放進去，等外表變成白色後取出（裡面還沒熟沒關係）。

3.將奶油與大蒜放入步驟二的平底鍋或鍋子中，炒洋蔥，再加入蘑菇，並放入剛才的雞肉與小麥粉，炒到整體軟爛為止。

4.當整體不再呈現粉狀時，加入白酒，煮滾後再加入【A】。煮滾後蓋上鍋蓋用小火慢燉，並時常攪拌讓鍋底不要燒焦，大概煮個五分鐘左右。

5.關火，加入藍紋乳酪讓它融化。最後盛到盤子裡，並按照喜好灑上肉豆蔻就大功告成。

食譜連結：https://oceans-nadia.com/user/26/recipe/133902

法式藍紋乳酪燉雞肉與蘑菇

這是一道簡單的奶油燉菜，用一個鍋子就能煮出的變化型法式家庭料理。藍紋乳酪濃厚的香氣更增添多汁雞肉與鮮甜蘑菇的美味，無論是配麵包或白飯都很好吃，是利用到奶油的一道菜。

●材料（2人份）

雞肉（雞胸肉或雞腿肉）……1大塊
洋蔥……1顆
蘑菇……6個
大蒜……1瓣
橄欖油……適量
奶油……1片（10g）
鹽、白胡椒……各少許
小麥粉……2大匙
白酒……50cc
藍紋乳酪……20g
肉豆蔻……少許

【A】

牛奶……300cc
鹽……1/4小匙
月桂葉……1片

第2章

黃色與綠色的春天　春之祭與復活節

在日本，四季都有不同的季節食材。春天時，人們一邊賞櫻一邊吃著賞花便當，並津津有味地吃著山菜；夏天時，人們則是吃著營養的鰻魚，或是準備著在酷暑中也能感受到涼意的流水麵；秋天是果實成熟的季節，市面上充滿美味的食物，像是剛收成的稻米、栗子、芋頭、秋刀魚等等；冬天則有因寒冷而甜度增加、變得更好吃的白蘿蔔、蔥、白菜等。

這樣的風情，想必讓「喜歡吃」、「喜歡料理」的人們感到很興奮吧。各種不同的美麗料理被日本柔軟的水質與氣候滋養，五月採茶種田、秋天收穫、冬天準備漬物——。雖然現今農產物的栽培技術進步了，已經是不問季節就可以買到各種食材的時代，不過我們還是在不知不覺間置身在日本特有的飲食生活之中。

歐洲也有類似這樣的飲食生活，當然歐洲的情況和日本有些不同。歐洲也是四季分明，如同日本會慶祝新年、會去賞花，有所謂的季節例行活動，每個季節也有當季的食材，但一般來說，從日本的感覺看來，歐洲的「春」與「秋」或許會稍短些。雖然在不同國家之間也有很大的差異，像是在西班牙或義大利等南方地區，與其說五月的時節是初夏，不如說看到盛夏的陽光也一點都不稀奇。此外，像我住了最長一段時間的德國，到了九月就會感受到涼意，完全是秋天的氣氛，此時進入商店買衣服的話，架上也都已經是秋冬的毛衣了（當然也有某幾年有出現例外的秋老虎），然後秋天會在轉眼之間結束，之後就來到漫長嚴峻的冬季。

歐洲不全是肥沃的土壤，根據季節不同，培育作物這件事本身也有其困難所在，所以以前的人必須要為漫長嚴峻的冬天做足相當的準備。

歐洲的氣候與風土和日本不同，日照時間、氣溫、濕度也相異，所以身體需要的營養素也都不同。還有，能夠入手的食材、易於種植的作物或養育的家畜等等，在每個地區也都會有各式各樣的特徵。日本有許多不同種類的作物全年都會擺在架上，但歐洲不同，尤其是蔬菜，除了一部分的大都市以外，只要過季就無法買到新鮮的作物。

也因為冬天十分寒冷，所以春天的到來就更添一層喜氣，而夏天較長，也讓人更為期待短暫的秋天──。所以環繞歐洲「飲食」的環境，當然也與日本有很大的不同。

此外，在觀察歐洲「飲食」時有一項絕對不可或缺的重要因素。那就是名為基督教的宗教。如同大家所知道的，基督教在西元三一三年由羅馬帝國承認為國教以來，一直帶給歐洲非常大的影響力。

特別是關於「飲食」這一塊。根據基督教徒應該遵循的教會曆，一年之中關於食物的部分都有一定的「規範」，像是有不可以吃肉的時期、傾向使用羊或魚等食材做飯的時期等等。

雖說如此，現在除了信仰深厚的人以外，大家並不一定會忠實遵守這些規範。不過請大家仔細想想，我們如果看到超市的廣告上寫著「土用丑日，來點鰻魚吧！」不是就會浮現「啊，難得碰上這一天，不如買點鰻魚吧？」之類的想法嗎？

歐洲的人們恐怕也有類似的感覺。即使是信仰沒那麼虔誠的人，在魚販前的看板上看到「大齋期，來點魚料理吧！」時，也會想著「啊，沒錯，現在是必須要節制生活的時期，比起吃肉，今天晚上還是吃魚比較好吧。」

雖然並不是堅持「必須遵守！」但也可以說是「橫豎都要做，難得的日子便這樣做吧！」的感覺。即使是在歐洲，也並非每個人都是虔誠的基督教徒，但我們還是不能忽視這種根植於生活中的意識。

而且，基督教一邊善用這種融入人們生活之中的感覺，一邊持續地壯大自己。在基督教壯大以前，歐洲的原住民為迎合季節的變化，也會舉辦各種祭典。

春天時會舉行歡迎春之女神的慶典，收穫時會跳感謝豐收的喜悅之舞，在冬天來臨前，則會宰殺家畜感謝神明。這些隨著季節移轉而銘刻在記憶裡的眾多祭典，即便在基督教傳入以後，也並沒有消失。

基督教將這些祭典吸收進自己的年曆中，將它們作為基督教的禮拜與儀式並賦予新的生命，那些在祭典中被人們視為重要的部分至今沒有什麼改變，但是作法卻變成基督教的形式，並與主耶穌基督的生平連結在一起，加進新的意義與解釋。

其中最廣為人知的就是名為「復活節」（Easter）的儀式，最近在日本也逐漸為人所知。

安息日將盡，七日的頭一日，天快亮的時候，抹大拉的馬利亞和那個馬利亞來看墳墓。忽然，地大震動；因為有主的使者從天上下來，把石頭滾開，坐在上面。他的像貌如同閃電，衣服潔白如雪。看守的人就因他嚇得渾身亂戰，甚至和死人一樣。天使對婦女說：「不要害怕！我知道你們是尋找那釘十字架的耶穌。他不在這裡，照他所說的，已經復活了。你們來看安放主的地方。快去告訴他的門徒，說他從死裡復活了，並且在你們以先往加利利去，在那裡你們要見他。看哪，我已經告訴你們了。」

婦女們就急忙離開墳墓，又害怕，又大大的歡喜，跑去要報給他的門徒。忽然，耶穌遇見她們，說：「願你們平安」！她們就上前抱住他的腳拜他。

（《馬太福音》第二八章第一～九節）

這是聖經中關於主耶穌基督復活的場景。

當我還住在日本的時候並沒有太在意這些事情，直到住在歐洲，才突然意識到這些習俗，其中之一便是復活節。

在最近的日本，復活節和萬聖節已經成為兩大人氣話題，雖然對非基督教徒來說可能不是很熟悉的節日，但因為最近每年在主題樂園都有舉辦相關的活動，大家至少也應該聽過名稱吧。

人們對復活節的印象總是會和「蛋」連在一塊，這是沒有錯的。像是復活節彩蛋、復活節兔，沒錯！「兔子」也是很常登場的角色，其他還有像是「羊」、「雞」、「小雞」等等。

事實上，這些全部都和復活節有關，所以在慶祝復活節的餐桌上，會出現一堆相關的主題擺飾，但這到底是為什麼呢？為什麼這些都會和耶穌的復活有關係呢？

前述已經提到，在基督教擴張以前，住在歐洲的人們會在不同的季節舉辦各種儀式，而基督教則善用這些人們舉辦祭典的記憶，以新的形式發展儀式。

是的，復活節的習俗也是這樣誕生的。所謂的復活節，既是慶祝耶穌基督的復活，同時也是告別冬天、迎接春天的祭典。

漫長而嚴峻的歐陸冬季，對以前的人來說是所有生命沈默的「死亡」象徵，但到了春季，先前幾乎枯萎的樹木一齊綻放新芽，山群洋溢新綠，這種印象與先前引用的文獻，也就是被釘在十字架上去世的耶穌基督最終復活的姿態，絕妙地重疊在一起。

在此登場的就是剛才所提到的「蛋」。不管怎麼說，蛋是生命的象徵，所以在復活節的時候，蛋料理一定會出現在餐桌上。光是看到蛋白和蛋黃的對比就會莫名地感到開朗氣息，「黃色」可說是最能代表「太陽」、「活力」的顏色。每到春天，溫暖的陽光落下，大地充滿光照，對日照時間較短的歐洲人來說，這應該是比什麼都開心的事情吧。

此外，對歐洲人來說，和黃色一樣能讓人聯想到春天的顏色就是「綠色」。綠色就是綻放新芽的草木之色，所以花店會在這個時期擺出大量的黃色鬱金香以及水仙花，這些種類的花當然也會裝飾在復活節的餐桌上，黃色、綠色以及明亮的粉色系列的裝飾小物，讓桌子染上一片鮮豔的色彩。

其他還有像是對基督教來說具有特別意義的「羊」和「鴿子」，也是復活節愛用的主題之一。象徵「多產」與「富饒」的「兔子」，以及同樣象徵「生命」與「再生」、與蛋也有關聯的「小雞」、「雞」等，都常被用來作為吉祥物。

黃色與綠色的花束

瑞士有名的巧克力製造商瑞士蓮（Lindt & Sprüngli）每年都會販售知名的金兔巧克力。春天將近時，歐洲的商店會擺出許多蛋形的巧克力，和蛋形巧克力同樣大量上架的就是像這樣的兔子造型巧克力。

不過，和聖誕節等每年都在同一天慶祝的節日不同，每年復活節的日期大概是在三月下旬到四月下旬之間。所以二〇一七年的復活節是四月一六日，但隔年二〇一八年就是四月一日，再往後幾年是四月二一日、四月一二日等，不同年份的日期會有落差。大家可能會覺得有些不可思議，不過這是因為復活節原本就是以「過了春分，第一個月圓之後的星期天」來決定的。

而且一般來說，「復活節」就專指這個「星期天」，至於復活節前後則設有各種相關的節日，特別是現在的復活節期間主要是指到復活節當天為止的一個禮拜，試看二〇一七年的

瑞士蓮公司的金兔巧克力

情況：

四月九日（復活節的前一個禮拜）「棕枝主日」

四月十四日「聖週五（耶穌受難日）」

四月十六日「週日復活節（主復活日）」

「棕枝主日」是復活節當天往前算一週的星期天，在這一天群眾們為紀念耶穌基督進入耶路撒冷，當日手持棕櫚樹枝夾道歡迎，故以此命名。所以這一天人們會攜帶象徵基督教不滅的棕櫚科樹枝前往教會以獲得祝福，除了棕櫚，因為地區不同還會使用黃楊、細柱柳、橄欖等樹枝。從這一天開始的整個禮拜被稱為「聖週」，在聖週時復活節的氣氛也會越來越濃厚。

「聖週五」則是耶穌被釘在十字架上去世的日子。特別是在耶穌斷氣的下午三點，各地會舉行彌撒或祈禱會，教堂每日定時會鳴響的鐘，也會為了悼念耶穌之死而暫停至復活節為止。

耶穌復活的當天是「星期天」，這一天的鳴鐘比平常多且高亢，響徹天際，表達出對耶穌復活的盛大歡喜之情。

事實上，基督教在一年之中最大的節日其實是復活節，而非聖誕節。雖然每個國家不同，但和聖誕節一樣，有許多國家將復活節訂為國定假日，除了不上班不上課外，大家也都會回家和家人共度復活節。

蛋、兔子、羊、鴿子、小雞、雞——。在復活節期間，人們想像著基督的受難，然後慶祝其復活，並參加莊嚴的彌撒，同時擺放許多像這樣的主題小物慶祝春天的到來，一邊吃著大餐一邊和家人親戚們開心地在喜悅中度過。

那麼，對嘴饞的人來說，最在意的還是「大餐」的部分吧。復活節對歐洲人來說也是久久一次可毫無顧慮大吃一頓的一天。

至復活節為止的這段期間，西方基督教世界稱之為「大齋期」。現在說到復活節，大家可能會覺得只是專指那個星期天，但若思考原本的意義的話，所謂慶祝復活節，應該是從大齋期、星期天復活節直到聖靈降臨日的這段期間才是正式的說法。

大齋期大概從二月開始，約四十天，這段時間是復活節的準備期。因為是感同身受耶穌受難的時期，傳統上來說會建議「克制飲食與節制宴會」。簡要來說，就是「不大快朵頤！」、「禁止在宴會中大聲嬉鬧！」、「平靜己心，盡可能安靜地生活！」等等。

所以在這種狀態下迎來的復活節，除了有迎接春天的喜悅外，也是與家人開心度過、享受心愛美食的機會。

那麼復活節實際上都吃些什麼料裡呢？在這裡就為大家介紹幾項。首先，無論在哪個國家，都會使用具有代表性的羊肉料理。本章節尾所介紹的羔羊食譜，更是復活節一定會出現的料理。

次日，約翰看見耶穌來到他那裡，就說，看哪，神的羔羊，除去世人罪孽的。

（《約翰福音》第一章第二九節）

如同這裡所說的「神的羔羊」一樣，「羊」的形象在基督教徒裡非常受到歡迎。由於有潔淨的「神的羔羊」，也就是耶穌之血（犧牲），所以人類的罪才得以被赦免，這種基督教的思考方式與慶祝從死亡復活的復活節非常吻合。而且羊從很久以前就是人類會食用的肉類，所以不只是復活節，在許多儀式的場合上都被視為至寶。

其他像是在義大利，有名為蔬菜乳酪蛋酥皮派（torta pasqualina）的料理，發源地為義大利西北部，以港都熱那亞為中心的利古里亞區。義大利、西班牙等地稱復活節為「Pasqua」，這是從西班牙語而來，加上考量到料理的味道來直譯的話，這道菜就是「復活節的派（法式鹹派）」的意思。若是要說這種料理有什麼厲害之處，就是它大量使用了在大齋期期間不太能吃到的蛋與乳酪製作。切開來的內餡是菠菜和里考塔乳酪，裡頭還看得到蛋黃，外皮是從古至今沒變的酥脆派皮，上面則是將薄薄的派皮用千層派的形狀堆疊在一起，看起來十分酥脆可口，適合一口吃下肚。

蔬菜乳酪蛋酥皮派

復活節時，街上的店家還會擺上大量羊、兔子或鴿子造型的甜麵包或蛋糕，或是配合十字架模樣的食物，像是英國的十字包（hot cross buns）。無論怎麼說，復活節不只是全家一起去教會參加彌撒，而是圍繞著許多自製也好、到店裡買也好的料理，人們一起慶祝耶穌的復活、沉浸在春天到來的喜悅、一起進行知名的「獵蛋」活動（一種尋寶遊戲，尋找塗上各種顏色的彩色蛋），是能開心度過的美妙的一天。因為這樣，如今有不少人無論有什麼事情，在聖誕節和復活節的時候也一定會回到老家度過。

當星期天復活節結束時，五月或六月就會迎來聖靈降臨日。

專賣復活節彩蛋裝飾的商店，雞蛋被塗上纖細美麗的色彩

五旬節到了，門徒都聚集在一處。忽然，從天上有響聲下來，好像一陣大風吹過，充滿了他們所坐的屋子，又有舌頭如火焰顯現出來，分開落在他們各人頭上。他們就都被聖

靈充滿，按著聖靈所賜的口才說起別國的話來。

（《使徒行傳》第二章第一～四節）

聖靈降臨日，別名「五旬節」。如同這個名字一樣，聖靈降臨日是從耶穌復活日開始算起的五十天後，這特別的一天是為了紀念聖靈降臨在門徒身邊，成為教會成立的基礎。也因此，為了表現出如同經文上所述的那樣，歐洲各地也會舉辦以大風與火焰為主題的活動或遊行。

此外，從這個時期開始，花店中會陳列五顏六色的大朵芍藥，將街角抹上鮮豔色彩，在復活節期間的高潮「星期天復活節」之後、開在聖靈降臨日的芍藥，因為好幾重的美麗花瓣和宛如女王佇立般的存在感，在德國被稱為「聖臨降臨日的玫瑰」（Pfingstenrose），深受人們喜愛。看著優美的芍藥和其鮮豔的配色，就開始能感覺到夏天的腳步近了。

芍藥

迷迭香煎小羊排

在與基督教有關的活動裡，羊肉料理特別受歡迎。雖然羊肉有獨特的羶味，但解凍後簡單烤出來的小羊排柔軟多汁，是相當棒的美味。如果再加上用紅酒做成的醬汁，即使是第一次吃羊肉的人也會吃得津津有味。

●材料（2人份）

小羊排……6～8塊
迷迭香……1～2枝
橄欖油……2大匙
鹽、黑胡椒……各少許

【紅酒醬】

紅酒……100cc
蜂蜜……1小匙
奶油……1片（10g）

●作法

1.去除小羊排的多餘肥肉，放入食物保鮮袋，並把摘下的迷迭香葉與橄欖油加進去，將保鮮袋真空密封，放在室溫中30分鐘。
2.取出小羊排，先灑上鹽巴和黑胡椒，用剛才醃漬的橄欖油加入預熱的平底鍋後，從脂肪多的地方開始以大火煎羊排。
3.確實地煎熟帶油的部分，煎到羊排整體呈現焦色即可。
4.這樣就很好吃了，但如果想要搭配醬汁的話，就在煎羊排的平底鍋中加入紅酒，煮到紅酒剩大約一半的時候，再加入蜂蜜與奶油。

食譜連結：https://oceans-nadia.com/user/26/recipe/126448

●作法

1.將洋蔥切丁，用奶油炒到呈透明狀後放涼。將牛奶與麵包粉混合浸泡。烤箱預熱至200度。

2.在碗中加入牛豬混合絞肉、洋蔥、牛奶和麵包粉，並倒入【A】，仔細攪拌至出現黏稠平滑的質地。

3.在烤箱的烤盤上鋪上烘焙紙，將步驟2放上去，並將水煮蛋置入其中，將肉卷捏成像魚板的半橢圓形（※水煮蛋在烤的時候會浮上來，盡可能排列埋在下方深處）。

4.將步驟3用200度的烤箱烤30分鐘，烤好後取出肉卷，用錫箔紙蓬鬆地包住肉卷直到肉汁被肉卷吸收。

5.在等待的期間製作醬汁。先用平底鍋乾煎小麥粉，加入奶油均勻混合後，加進烤盤上殘留的肉卷汁與白酒一起煮，之後慢慢地倒入牛奶，仔細地攪拌，最後用鹽巴和胡椒調味。

6.切開冷卻的肉卷，淋上醬汁。

食譜連結：https://oceans-nadia.com/user/26/recipe/126373

德式肉卷「假兔肉」

這道德式肉卷包含了復活節的主要意象「蛋」與「兔子」。橢圓形的外觀就像是烤全兔一樣，十分有趣，是和復活節季十分匹配的一道菜，用烤箱就能夠製作，味道平易近人，廣受大人與小孩的喜愛。

●材料（4人份）

牛豬混合絞肉……500g
洋蔥……3/4顆（150g）
水煮蛋……4顆
奶油……1片（10g）
麵包粉、牛奶……各4大匙

【A】

芥末醬……1大匙多
切碎的香芹……1大匙
乾燥墨角蘭、甜椒粉、肉豆蔻粉……各1/8小匙
鹽……1/4小匙
胡椒……少許
蛋……1顆

【醬汁】

奶油……1片（10g）
小麥粉……1大匙
肉卷汁……全部
白酒……30cc
牛奶……100cc
鹽、胡椒……各少許

第3章

太陽王鍾愛的「貴婦的指尖」蔬菜女王蘆筍

「春天終於來了！」

到了每年三月，大家會不斷看到（聽到）這句話出現在報章雜誌或電視上。當我住在寒冷的歐洲北部時，意識到在這裡也有類似日本「春天來了」的聲音，而且還含帶著一點興奮之情。這也是應該的，在漫長嚴峻的冬季結束後迎來的溫暖春天，是誰都盼望的季節，像是前章介紹過的黃色與綠色的花朵象徵，以及代表復活節的活動等等，春天是被華麗地慶祝的季節。

我們日本人也非常重視代表春天到來的蔬菜，像是口感很棒的竹筍、鮮豔的油菜花、散發香味的蜂斗菜等等，這些當季限定的新鮮蔬菜光是被擺在店頭或餐桌上，就會讓人有

「啊，今年的春天到了」的幸福感。

事實上，歐洲也有像這些告知春天到來的食物，而其中最重要的當屬蘆筍了，還是對日本人來說比較不熟悉的「白蘆筍」，這次想和讀者介紹的就是這個特別的蔬菜・蘆筍。

蘆筍幼苗（=可食用的部分）

若講到「蔬菜的王者」大家第一個會想到什麼呢？是香氣跟口感都第一名、屬於那個季節才吃得到的春天蔬菜或夏天蔬菜呢？抑或是充滿秋天味道的美味蘑菇或甜到讓人受不了的南瓜與芋頭？又或者是似乎每天都吃得到的萵苣和小黃瓜等沙拉生菜？或許也會有人回答是經常出現、每個人都很熟悉的高麗菜、洋蔥、胡蘿蔔、馬鈴薯、白蘿蔔等等，答案會因為每個人而有所不同。

但是，如果詢問歐洲人這個問題，恐怕他們的答案都是「蘆筍」。因為在歐洲只有蘆筍才是春天到來的代表性蔬菜，而且歐洲人對蘆筍有很深的感情，是一個「特別」的存在。

其實在以前的歐洲，冬天能吃到的蔬菜只有發酵過的高麗菜或醃菜，最多再加個洋蔥。而在春天發芽的蘆筍，水潤有光澤又散發香氣，甜度又高，是能讓人感到幸福的蔬菜。沒錯，對度過嚴冬、翹首期盼春天到來的歐洲人來說，「蘆筍」完全就像是「竹筍」之於日本人那樣的存在。

法國的美食家布里亞＝薩瓦蘭（一七五五～一八二六）所著的《美味的饗宴》一書中曾出現關於蘆筍的章節，那時貝萊主教科特瓦・德・昆西告訴大家他的菜園一隅裡，出現了世間罕見的美麗蘆筍。

看起來並沒有誇誇其談，也沒有以訛傳訛，因為這株植物已經掙脫了堅固地板的束縛。它的頭呈圓形，非常有光澤，並且還有花紋點綴著，可以預想就算是一隻大手也無法將它全部攏起。

（布里亞＝薩瓦蘭，《美味的饗宴》雜想篇）

大家見到這個蘆筍十分歡喜，並且一致要求主教到時要將它砍下來，還為此特別向工匠訂製了專用的刀子。而這株蘆筍像是回應著大家的期待那樣，每天越發光彩照人，直到迎來收成的那一天。當天大家還準備了慶祝的宴會，癡癡等著主教散步回來。在大家熱情的注視中，主教終於用那把特製的刀子，莊重地想切斷蘆筍……結果！這才發現原來這株蘆筍是用木頭製成的。

原來這是一位名為羅塞特的修道士的惡作劇，他的手藝十分高超，他用心地製作了假的特大蘆筍，並埋在土裡，然後每天動一點手腳，讓大家看起來像是自然生長的樣子。主教本來對於該如何處置這樣的惡作劇感到很煩惱，但看到在場的人們一臉忍笑的樣子，所以就只是微微一笑，也因為這樣大家才大笑出聲，也忘了責備名為羅賽特的修道士。大家將那蘆筍砍下來並且運到餐廳，就這樣，這蘆筍在那天夜裡被恭敬地放置在餐廳正中央。

或許會有許多人覺得剛才這段故事「也太大而化之了吧」，但另一方面這也如實表現出蘆筍的特色，也就是當蘆筍從土壤中冒出來時所帶給眾人的興奮感，而且隨著春天越來越近，蘆筍一日大過一日，等待收成的日子裡大家都充滿迫不急待的心情，還特別去訂做了新的刀子、準備宴會大餐，這個故事把眾人歡愉的樣子都傳達了出來。

歐洲蘆筍的產季，大概是三月～六月（因地區不同多少有些差異），同樣在日本，春天到夏初的時節也是蘆筍最好吃的季節。

說到白蘆筍，最近在日本也能時常看見販售新鮮白蘆筍的店家了，但直到不久以前，在日本都還只能看得到罐頭包裝的白蘆筍。不過這也是理所當然的，畢竟白蘆筍比綠蘆筍容易過期，而且一但不新鮮就會有苦味，無法嚐到它原本的美味。因此不只是在日本，即使是在歐洲歷史上，白蘆筍經常都是需要加工做成罐頭才吃得到的蔬菜。

另一方面，在剛剛主教故事中登場的蘆筍，「雖然生長速度不快，但沒有停止生長的步伐，最後在可食部分的尾端露出白色的部分」，從這段描述中似乎可以看出這不是白蘆筍而是綠蘆筍。

事實上白蘆筍與綠蘆筍並不是品種上的差異。所謂的白蘆筍不是別的，其實就是用土將大家熟悉的綠蘆筍埋起來，不讓蘆筍照到日光所培育出來的，完全就像是日本的獨活這種植物。雖說如此，白蘆筍培育起來十分困難，需要許多道工法，收成採摘時非常辛苦，因為不能損傷到濕潤又柔軟的穗尖，全部都是人工作業，而且，畢竟可食用的部分是蘆筍的幼苗，白蘆筍又特別容易損傷，所以收成後如果沒有好好控管溫度和濕度，就會喪失白蘆筍最有魅力的芬香，甚至造成纖維化。

另一方面，說到日本也很熟悉的綠蘆筍，在豔陽高照、大量食用橄欖油的西班牙和義大利南部等地區特別受到歡迎。從營養價值來說，有接受光照的綠蘆筍比白蘆筍來得有營養，加上含有以恢復疲勞聞名的天門冬醯胺，以及富含蛋白質、葉酸等各種維他命和蘆丁、鉀等礦物質。

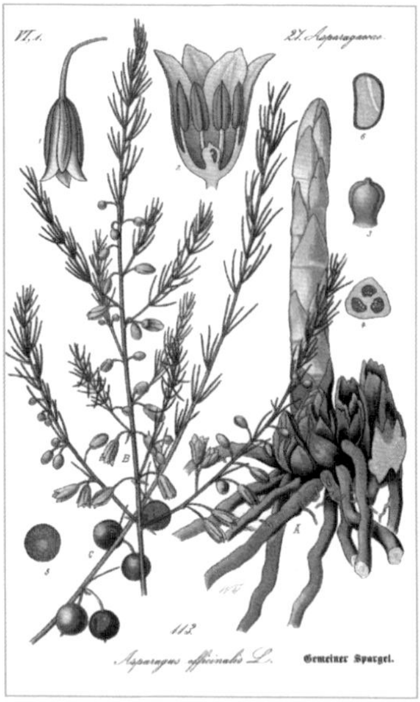

蘆筍的花、果實、根、葉（擬葉）的形狀

此外還有整體呈現紫色的紫羅蘭色蘆筍。不過紫蘆筍的品種不同，具有豐富香氣和恰到好處的甜味，在義大利和法國特別受到歡迎。在歐洲還有一種叫做Asperge Sauvage（法文的「野生蘆筍」之意）的植物，外形細小，不過雖然擁有近似蘆筍的名字，卻是完全不同的種類，較接近山菜，主要會用在濃湯或沙拉等料理上當作裝飾。

話說，提到「蔬菜女王」、「少女的指尖」、「王之蔬菜」、「可食象牙」、「白金」等詞語，大家會認為這些是指什麼呢？事實上這些都是用來稱呼纖細的白蘆筍。被歐洲人用這種風格稱呼的白蘆筍，又是從何時起出現在人們的飯桌上的呢？

從歷史上來看，我們可以知道蘆筍這種蔬菜從很久以前開始便是人們很熟悉的植物。蘆筍的原產地為南歐到俄羅斯南部一帶，特別是對住在地中海周遭的人來說，蘆筍就像是集體生長在樹下的山菜那樣親近，所以古希臘人也好、古羅馬帝國的人也好，每年都期待著採收蘆筍的季節到來，也因為就連羅馬人都極為喜愛，最後就演變成人們會特意栽種蘆筍的程度。

> 在菜園的工作中，最需要細心照料的就是蘆筍的栽培了。（中略）二月十三日時，將完全浸潤在肥料裡的種子密集地埋在狹小的地洞中，秋分後將根部已盤根錯節的蘆筍幼苗以一足的間隔分開種植，這樣做的話蘆筍能在十年間不斷開花結果。
>
> （老普林尼，《博物志》第一九卷第四二章第一四五節～一五〇節）

古羅馬人竟然在西元前就已經開始栽植蘆筍，並且下足工夫，希望能夠安定地收穫品質良好的蘆筍。

之後隨著羅馬帝國解體，蘆筍變得不太出現在市場上，不過因為古希臘人從以前就知道蘆筍利尿且具有多種藥效，所以在修道院的庭院裡勉強持續種植蘆筍。直到宣揚復興古典文化（希臘、羅馬）的文藝復興時期，蘆筍才再次成為宴會料理中不可或缺的食材。

出自收羅食物與健康關聯的中世紀手冊《健康全書》（Tacuinum Sanitatis），此為「蘆筍」的插圖

國王菜園（Potager du Roi）

之後來到君主專制時期，那位法國的太陽王路易十四世（一六三八～一七一五）所鍾愛的事物之一就是蘆筍。這位美食家國王因為太過喜愛蘆筍，為了想隨時吃到蘆筍，便命人在凡爾賽宮內的「國王菜園（Potager du Roi）」中種植六〇〇〇株蘆筍幼苗，而且因為國王菜園內的土壤經過改良，也擁有完善的排水系統，種有許多早熟的果實和蔬菜，所以在國王的命令下，即使在非當季的十二月也能採收到蘆筍和萵苣。

不過，無論在哪個時代裡，蘆筍都是蔬菜中特別貴的。因為栽培費工，收成與能夠吃得到的季節又有限，所以價格急速攀升，人工種植的蘆筍是庶民買不起的「高貴蔬菜」，只有極少數的人能吃到當季的蘆筍，品嚐這至高無上的享受。

先前提到的薩瓦蘭著作中，其中有一章可作為佐證。有一天他在巴黎最有名的食材店中看到一束極美的蘆筍，但價格為四十法郎。那是勞動階級一天的收入為二．五法郎的時代，這價格等同於天價。所以他對老闆娘說：

真是太美了。但這個價格如果不是陛下或殿下的話想必是吃不起的。

（布里亞＝薩瓦蘭，《美味的饗宴》雜想篇）

市場攤位上堆積如山的白蘆筍

但後來有一群一表人才的英國男性們只是餘光瞄到這束蘆筍，沒問價格就買了下來，然後一邊吹著口哨一邊離去。

值得高興的是，到了現代因為栽培方法的進化跟物流系統的發達，本來位列高貴食物的蘆筍，在最近價格大幅下降，大家才能以適當的價格吃到蘆筍。其中白蘆筍在北歐、比利時、荷蘭、法國和德國等地人氣極高，每到春天，街上的餐廳盡是使用白蘆筍的料理。此外，稍微南方一點的地區，像是義大利北部的巴薩諾和西班牙北部的諾瓦拉也是白蘆筍的知名產地。綠蘆筍營養價值高、料理方便所以廣受歡迎，但既費工又需要非常、非常小心培育的「高貴蔬菜」白蘆筍，則是具有某種「特別感」。

在這些國家裡，每年三月~四月時，市場的攤位上會開始堆積起像山一樣高的白蘆筍，從大的到小的，有各式各樣的形狀。又白又直、大小和長度剛好的蘆筍價格就會較高，味道也較好，大家每逢此時節都會因應做菜的需求前去選購自己喜歡的蘆筍。

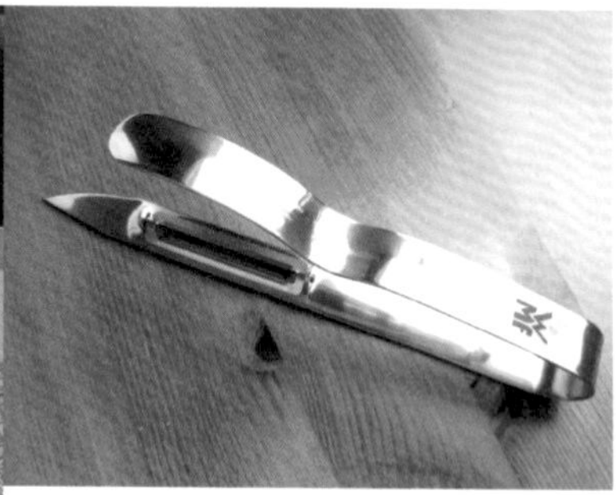

蘆筍專用削皮器（右）與蘆筍專用鍋（左）

比綠蘆筍更甜、更有光澤的白蘆筍，充滿無法言喻的芳醇香氣，因為是如此纖細的蔬菜，所以享用時的處理也與綠蘆筍有些微不同。做菜時需仔細將白蘆筍又多又厚的皮剝除，放進熱水中，並將白蘆筍與剝下的皮、奶油跟檸檬汁一起燙，重點是不要讓蘆筍在滾燙的熱水中煮到糊成一鍋，而是要煮到散發光澤與香氣為止。雖然是很簡單的做法，但用這種方法燙蘆筍，會讓美味加倍。

此外，正因為是季節限定的食材，所以歐洲人以「無論如何一定要好吃」的熱情催生出白蘆筍專用的料理器具，像是有為了不切斷充滿光澤的白蘆筍外皮的專用削皮器，以及能夠按照白蘆筍原本長度烹煮的專用鍋，從這些東西的上市可以感受到歐洲人對白蘆筍有著無與倫比的熱情。而且這時期在各地還會舉行「白蘆筍削皮大會」，喊著「該我上場了！」的男男女女齊聚一堂，比賽究竟能在幾秒鐘內削完一公斤的白蘆筍。

也因為如此，此時在餐廳的主角不是肉或魚，而是白蘆筍。一人份的餐點大概會有五〇〇公克左右的白蘆筍，從日本人的角度來看可能會覺得「哇！好多」，但白蘆筍那一吃進口中就感受到的鮮嫩口感，還有撲鼻而來宛如做夢一樣的芳醇香氣，不愧是這季節才有的當季美味，所以即使分量這麼多也能在瞬間吃完，真是不可思議。

此外，有名的炸肉排（維也納風的炸肉排），在這個季節裡也都是用「spargel（德語中的白蘆筍之意）」當配角，日本人會視蘆筍為點綴之物，但在這時期的歐洲，還不如說白蘆筍本身多半是主角。另外，用香氣強烈的蘆筍皮當湯底的濃湯也很受到歡迎，那豐富的香味與奶油般的口感，建議大家務必要品嚐看看。

話說，在德國有這樣一句話：

當櫻桃紅時，白蘆筍的季節就結束了。

櫻桃是通知夏季已到的水果之一。也就是說，在德國，採收白蘆筍的時節大概會在每年的六月二四日結束，也就是在施洗者聖約翰日那天。這是因為在種下一株白蘆筍後，之後十年間都能不斷從同植株上收成，所以為了明年的收成準備，人們想讓白蘆筍好好休養生息。從這件事情也可以看出人們對白蘆筍有很深的感情（不過，如果天氣太過暖和以致白蘆筍生長得太快

白蘆筍佐奶油醬與維也納風炸肉排（左）、白蘆筍濃湯（右）

時，也會有較早結束收成的狀況。堆積如山的白蘆筍會以結束收成的那日為界限，突然從市場上消失，所以前往旅行的朋友們請務必注意）。

最近，即使在日本也能輕易入手好吃的白蘆筍了，白蘆筍擁有鮮嫩、甘甜以及芳醇的香氣；而綠蘆筍則獨有清脆的口感、濃厚的味道以及新鮮的香味。

大家喜歡白蘆筍還是綠蘆筍呢？如果您是仍只吃過白蘆筍罐頭的人，一定要以此契機品嘗一次新鮮的白蘆筍看看，這才是歐洲的春天以及初夏的香氣。

好吃的白蘆筍煮法

白蘆筍的皮比綠蘆筍硬、風味纖細。這是完全發揮白蘆筍美味的煮法，非常簡單就能煮出好吃的白蘆筍，也請試著搭配各種醬汁食用。

●材料（2人份）

白蘆筍……6根～

【A】

水……1ℓ

奶油……1片（10g）

砂糖……1小匙

檸檬汁……1小匙

●作法

1.用手將白蘆筍從根部折斷，使用削皮器削皮，從距離穗尖的2~3公分下面開始削。折斷的根與削下來的皮不要丟棄。

2.準備能夠放入整根白蘆筍的鍋子或深平底鍋，將【A】、白蘆筍根與皮一起放入後開火，煮滾後加入白蘆筍，根部先下然後再慢慢地整根放進去，不要蓋上鍋蓋，煮8~10分鐘。

3.如果不是立即要吃的話，就這樣將它放置在鍋子裡（這種情況最好煮8分鐘）。

奶油醬（2人份）

用平底鍋融化2片奶油（20g），加入少許鹽巴做成奶油醬，配著剛煮好並瀝乾的白蘆筍一起吃，若再加上火腿或煮過的馬鈴薯也相當美味。

食譜連結：https://oceans-nadia.com/user/26/recipe/127520

白蘆筍的最佳拍檔！
荷蘭醬

荷蘭醬是吃白蘆筍時不可或缺的醬料，除了蘆筍料理外，荷蘭醬也可用在班尼迪克蛋料理，當然也能配著蛋或蔬菜食用，當作魚或瘦肉的醬汁也十分美味。

●材料（2～3人份）

蛋……3顆
奶油……50～75g
(※越多越香，醬汁也會越粘稠）
鹽、白胡椒……各少許
【A】
白酒……2大匙
檸檬汁……1小匙
砂糖……1撮

●作法

1.用微波爐（600W）加熱奶油50秒鐘，使奶油不再呈現塊狀。
2.在不鏽鋼碗中放入蛋黃和【A】，置放在有滾水的鍋子上，利用蒸氣加熱直到冒泡後，使用工具快速地均勻攪拌。
3.等出現白色勾芡後，分成數回加入少量奶油，每次加入奶油時都要快速、仔細地攪拌。
4.當變得蓬鬆平滑成勾芡狀時即大功告成，再加入鹽巴和白胡椒調味。

食譜連結：https://oceans-nadia.com/user/26/recipe/127521

第4章

土地的恩惠與人的智慧

乳酪的國王　帕馬森乳酪

能遠眺阿爾卑斯山脈的北義大利地區，有一條名為波河的河流。波河位於義大利與法國國境一帶，發源於阿爾卑斯山脈，由西往東流，全長六五二公里，是義大利國內最長的河流。波河擁有許多支流，時常引發洪水氾濫，但也因此滋潤了四周土地，再加上豔陽高照，形成廣大的綠色平原。所以即使義大利坐擁活火山、屬於較乾燥的氣候，但自古以來這片土地仍被視為是肥沃的大地，為歐洲屈指可數的農業地帶，孕育了眾多的物產。

這片土地正是本章主角帕馬森乳酪的故鄉。不僅如此，知名的帕爾瑪火腿、義大利香醋以及為數眾多的葡萄酒都是自這片土地孕育而生。

各種乳酪

大家喜歡乳酪嗎？

乳酪有新鮮乳酪、白紋乳酪、藍紋乳酪、洗式乳酪、契福瑞乳酪、半硬質乳酪、硬質乳酪等等。即使都通稱為「乳酪」，但無論是味道、外表、觸感以及風味都不一樣。因為原料和做法都有些許差異，以致於乳酪的種類多到讓人眼花繚亂的程度。

最近從國外進口了許多種類的乳酪，所以我們日本人也增加了許多吃到乳酪的機會。不過，即使是不太清楚乳酪的人，一定都有聽過某種乳酪的名字，那就是帕馬森乳酪。

乳酪原本到底是什麼呢？

乳酪的原料是動物的「乳」，含有豐富營養，而且一般認為「因為是發酵食品，所以對身體有益」。但是在這麼多種類的乳酪中，對我們日本人來說最熟悉的莫過於以牛乳當主要原料的乳酪了吧，像是此次的主角帕馬森乳酪就是其中一種，其他還有像是沒有臭味、配什麼都好吃的豪達乳酪，以及因其奶油狀而深具魅力的卡芒貝爾乾酪。

但事實上，綿羊和山羊奶也是相當常被使用的原料，甚至不如說以前的歐洲人用這種原料做乳酪才是主流。

因為在家畜中，綿羊和山羊屬於較易飼育的動物，不只能適應極端嚴酷的氣候，還不太需要擔心飼料，有一點草就能生存。與之相對，即使牛被當成家畜飼養，也仍有野性，加上體型較大，為了擠出品質佳的牛奶需要大量的飼料，所以牛長期被用來從事農地作業等體力活，像是拖行農具（犁）或拉車。

那麼，為了保存「乳」，把乳加工成塊狀的「乳酪」，到底需要什麼樣的工序呢？關於人類最初是如何製作乳酪有許多說法。其中最有名，且會讓人覺得「真的有可能是這樣」的說法就是「偶然將乳汁放進動物的胃袋裡，結果在不知不覺間凝成了塊狀」。也就是說，以前即使想要保存乳汁卻沒有適合的容器，所以搬運時便將乳汁放進了被肢解的牛或綿羊的胃袋中，但胃袋中卻碰巧含有凝固乳汁的成分在裡面。

這就是現今製作乳酪時不可或缺的成分「凝乳酵素」。凝乳酵素存在於牛、綿羊、山羊等反芻動物（以擁有四個胃袋為特徵。消化系統會用第一、二胃袋消化食物，然後食物再回到嘴巴咀嚼、消化與吸收）的第四胃袋之中。即使到現在，在製作傳統的乳酪時也會使用到胃袋。不管怎麼說，乳汁為液體，很難就這樣搬運，也難以處理，更重要的是非常不耐久放，雖然含有豐富的蛋白質和鈣質，營養價值高是好事，但在保存技術不發達的時代裡，即使獲得大量乳汁也無法充分利用。隨著「凝乳酵素」的發現，人們這才恍然大悟，獲得「從難以攜帶的乳汁中把水分去除」的方法。

《健康全書》中製作乳酪的樣子

說到製作乳酪的工序，大致上來說是先在溫熱的乳汁中，加入凝乳酵素（或是檸檬汁等檸檬酸），在蛋白質凝固後，將其塊狀取出。塊狀的部分稱為凝乳，而剩下的液體成分稱為乳清。因為最近製作希臘式優格時所出現的水分也被叫做乳清，所以應該有人聽過這個名詞。

接下來，將取出的凝乳放入乳酪專用的模具中瀝乾水分，因為此時會使用「模具（拉丁語為forma）」的緣故，所以在法文中乳酪叫做fromage，義大利語叫formaggio。

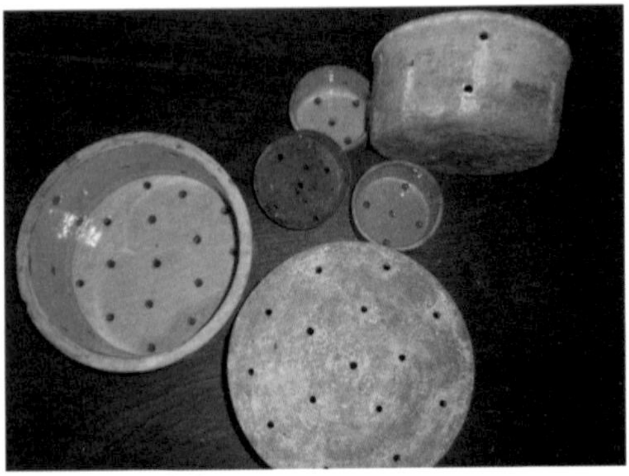
古代使用的乳酪模具

無論哪種乳酪，到目前為止的工序都大致相同，但接下來就會有些許差異。如不加工、擁有鬆軟平滑的質感，像是牛奶般口感（新鮮乳酪）；利用白黴或藍黴所熟成，具有獨特風味與口感（白紋乳酪、藍紋乳酪）；簡單地用各地方的酒，像是葡萄酒、白蘭地、啤酒或是鹽水洗過，讓附著在外皮上的黴菌熟成（洗式乳酪）；稍微調節水分的多寡，製作到適合長期保存的形態的同時，也萃取出熟成時所散發的濃郁香氣與甜味（半硬質乳酪、硬質乳酪）等等。

經過這些處理，乳酪由當地特有的氣候或黴菌所育成，並轉變成製造方法獨一無二、擁有獨特的口感與風味的食品。

文森佐・坎皮，《吃里考塔乳酪的人們》（1580年）

這樣製作出的乳酪，其實擁有許多優點。不只營養豐富、保存性也佳，比起乳汁的狀態，乳酪的蛋白質更利於消化吸收（近似於乳汁狀態的新鮮乳酪除外）。所以遠在古羅馬帝國時期，乳酪就已是軍隊的常備攜帶糧食，並一直延續到近代都沒有改變。

而且，對容易取得乳汁或凝乳酵素等原料的農民來說，乳酪是重要的營養補給管道。硬梆梆的雜糧麵包、只加入一些碎蔬菜的湯——在這樣貧窮的飲食生活中，只要加入乳酪，營養價值就會大幅提昇，並且讓食物變得好吃。從前的人們就已經知道乳酪含有豐富營養，像是救濟院等地方，會特別給孕婦、生病中或剛大病痊癒的病人提供乳酪，這樣的情況並不少見。不過也因為乳酪是庶民所仰賴的夥伴，在歐洲有很長的一段時間裡，乳酪反而被視為是「窮人的食物」。

但在中世紀末期以後，情況慢慢發生了變化，最大的改變契機之一就是基督教。我們在第一章的橄欖油與奶油的主題中也有提及，基督教在一年之中的某個時期，原則上會禁止一切的動物性食品。例如在中世紀，一年之中甚至有一四〇～一六〇天以上禁止食用動物性食品，在這期間，不能食用肉、魚、蛋以及乳酪，只能吃蔬菜和穀物度日，非常辛苦。但隨著時間推移，不僅魚、蛋都可以吃了，乳酪也變得ＯＫ！這項誡約越來越鬆緩，其中乳酪就成為了出乎意料的要角——沒有錯，就是因為大家覺得「沒肉的話，吃吃乳酪也好吧。」（順道一提，當時幾乎沒有直接喝牛奶的習慣。）

同時也是在這個時期，用牛奶作為主要原料的乳酪開始抬頭，與用綿羊或山羊奶做為主原料的乳酪並駕齊驅，而其中最佳的代表作，當屬被稱為「義大利乳酪之王」的帕馬森乳酪。

那裡有一座完全用帕馬森乳酪砌成的高山，居民整天無所事事，只會做通心粉與義大利餃，並放在雞湯裡煮，然後拋在地上，無論誰都可以拾來吃。

（薄伽丘，《十日談》第八天故事三）

這是出現在十四世紀中葉的義大利小說《十日談》裡面的一個「樂園」的模樣。在樂園裡還有流著葡萄酒的河川，以及垂吊著烤香腸的葡萄樹，每戶人家的牆壁用魚砌成，屋頂的部分則鋪滿火腿，路上的肥鵝會自動插上烤肉串，然後烤得恰到好處顯得很好吃的樣子，再往前走，會看到一排鋪著全白桌布的餐桌，無論想吃什麼都能在這裡盡情享用，而且因為工作這件事情是被禁止的，每個人都是遊手好閒地玩上一整年——。

老彼得．布勒哲爾，《懶人的天堂》（1567年）

其實在當時的歐洲，像這樣充滿美食的「樂園」想像在各地都非常流行。因為現實生活很苦，也有不少人每日所需的食物都成問題，所以大家都會在心中描繪樂園的場景，憧憬著「如果每天能一邊無所事事，一邊吃盡美食，那該有多好啊」。

不過最讓人吃驚的，是在這本書中帕馬森乳酪已經變成「美食的代名詞」了，一塊塊的帕馬森乳酪大量地堆疊起來形成一座山。沒錯，對義大利人來說，這正是「樂園饗宴」中所不可欠缺的印象。

那麼帕馬森乳酪又到底是從何時開始變得這麼有名的呢？

帕馬森乳酪生產於阿爾卑斯山脈南側、波河流域一帶，歷史悠久，在中世紀時已是以品質良好的美味乳酪聞名，像是非常關心義大利各地的特產、十五世紀的人文主義者普拉提納

（Bartolomeo Sacchi，一四二一～一四八一），就曾針對乳酪如此說道：

> （在義大利）有兩種乳酪在爭奪王位。一種是在托斯卡尼的三月裡製作出來的馬佐里諾乳酪，另一種就是在奇薩爾皮尼地區所製作的帕馬森乳酪。
>
> （普拉提納，《關於真正的歡喜與健康》）

這裡所說的「奇薩爾皮尼（Cisalpina）地區」，指的就是阿爾卑斯山脈南側、波河一帶，原本的拉丁語意思為「（從羅馬看向）阿爾卑斯山的這面」。

波河周圍的廣大山谷原本是潮濕地帶，排水不良，是經常發生洪水氾濫的場所。但直到十二世紀，本篤會與熙篤會的修道士們新興大規模的灌溉工程，於是這片土地就變成了義大利首屈一指的農業地帶。

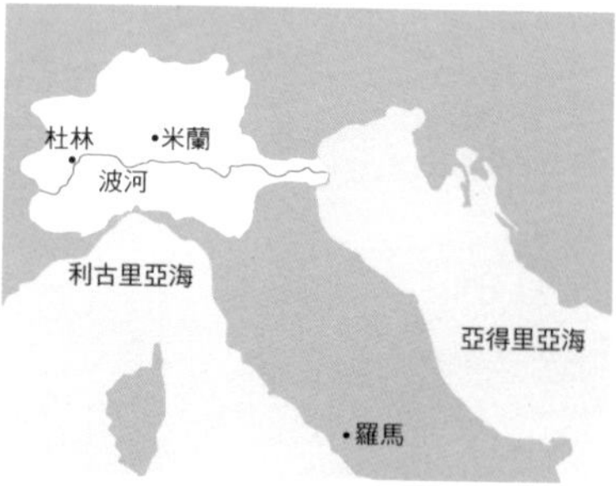

波河與周圍廣大的波河平原

同時波河的灌溉工程也帶給乳酪世界巨大的變革。因為維持了廣大平原，所以能夠種植大量牧草，進而能夠飼養以牧草維生的牛隻，在製作乳酪的歷史上，這件事情也擁有相當重要的意義。因為牛隻身軀龐大，需要大量的糧草飼育，而說到製作乳酪，想要製作越大的乳酪就需要越多的牛奶。換言之，當波河流域變成可耕作土地時，就能確保大量的乳牛糧食，像是牧草與飼料。因此此地開啟了飼育乳牛、生產乳酪的嶄新可能性。

如同先前所說的，基督教世界對乳酪有特別的需求。在宗教上，於「禁止吃肉」的日子裡，乳酪就是肉類的代替品，是非常寶貴的。義大利有被稱為「國民食物」的義大利麵，義大利麵的原型是從古羅馬帝國就流傳下來的傳統食物，到了十世紀時，考慮到味道與營養就有了配著乳酪吃的習慣，因此對乳酪的需求越來越高，加上波河流域的乳牛豐產，最終牛奶代替了傳統的山羊奶成為製作乳酪的主要原料。

前述的人文主義者普拉提納說「在義大利有兩種乳酪在爭奪王位」，一種是托斯卡尼的馬佐里諾乳酪，一種是奇薩爾皮尼地區的帕馬森乳酪。馬佐里諾乳酪是用傳統的山羊奶作為原料的乳酪（統稱為義大利綿羊起司）之一，而我們的帕馬森乳酪則是用牛奶當作原料。

從山羊奶的乳酪到牛奶的乳酪——普拉提納所處的十五世紀，就是個牛奶作為乳酪的原料，終於能與山羊奶並駕齊驅的時代。這樣的潮流在義大利乳酪的歷史裡是一大分歧點，此後乳酪的生產有了多元的樣貌，而此時作為牛奶乳酪最初的代表，無疑就是帕馬森乳酪。

帕馬森乳酪的特徵為質地堅硬、形狀像太鼓

那麼，說到帕馬森乳酪最大的特色之一，就是一塊乳酪約有四十公斤那麼重。即使只是單純的估算，做一塊帕馬森乳酪需要大約五五〇公升的牛奶。為了製作出如此巨大、堅硬的乳酪，除了需要大量的牛奶以及勞動力，更重要的是要有製作乳酪的相關知識與技術，因此當時從事波河灌溉工程的修道士們，對製造帕馬森乳酪的貢獻應該是相當大的，之所以會這樣推測，是由於原本這麼大型的乳酪是一種被稱做「山之乳酪」的食物，於阿爾卑斯山等山上製作，而會製作這種乳酪的人，大多數正是修道士們。

外表看起來就像是帕馬森乳酪的「山之乳酪」，以其「堅硬」與「巨大」聞名，這種做法全是為了讓乳酪能夠有效保存，為嚴寒的冬天做準備，並且方便從山上運下來。為了要做成這麼巨大的乳酪，在製造過程中需要確實將水分去除，然後進行擠壓，也就是說，波河流域擁有很好的條件，不只與擁有高度製作乳酪技巧的修道院關聯密切，也能夠順暢往來「山之乳酪」的故鄉阿爾卑斯山脈。

而且，波河不只孕育豐富牧草，進而帶來牛奶這種嶄新原料，同時也是重要的交通要道。一直順著波河往下走，最終會來到亞得里亞海，那裡自古因貿易而繁榮，並擁有著名的水都威尼斯，船隻從因海上貿易而繁華的威尼斯而來，載著帕馬森乳酪運往地中海地區、甚至遠至英國，並受到相當高的評價。

威尼斯還擁有製作乳酪時不可或缺的鹽。威尼斯從以前就是以製鹽、運輸而出名的城市，人們沿著波河運輸在山區製作乳酪時不會使用到的大量鹽巴，鹽巴成為做乳酪的原料。像這樣大量地使用鹽巴，讓堅固的大型乳酪更能久放，也讓乳酪成為能運往海外的食物。

名為波河的大自然恩惠、製作乳酪的相關豐富知識與經驗、對乳酪的普及有所貢獻的流通管道，以及擁有製作乳酪時不可缺少的鹽巴——。

波河流域的良好條件與帕馬森乳酪的品質、風味相互結合，讓帕瑪森乳酪的聲名遠播。

當然，帕馬森乳酪特別的理由不止這些。其中最重要的是，直到現在仍有許多人為守護帕馬森乳酪的味道與品質而做出各種努力。

原本帕馬森乳酪是顆粒狀的，觸摸時能用手指碾碎的質感，在擁有相同歷史及文化背景的波河流域許多地區都有製作這樣子的乳酪，像是特別有名的格拉娜・帕達諾乳酪。總而言之，帕馬森乳酪以前也是這種乳酪的一份子，但是帕馬森乳酪因為從乳牛的飼育到乳酪製作、熟成都有嚴格的標準以及嚴謹的品質管理，現在即使在法規上，也只有這種乳酪被視為「特別乳酪」，與其他乳酪明確地區分開來。

帕馬森乳酪的外包裝上印著紅色與黃色的圖章就是證明。這圖章叫做「原產地名稱保護標識」（英語簡稱PDO，義大利語簡稱DOP），以標明「商品內容物來源為指定產地的原料、氣候、土壤性質與其他地區要素，並且一定在同個地區內生產、加工和製備」。因為此項歐盟（EU）法律明確區分出帕馬森乳酪，所以現在波河流域（嚴格來說，是帕爾馬、雷焦艾米利亞、摩德納等各城市，以及一部份波隆那與曼切華地區，約一萬平方公里的土地）生產帕馬森乳酪時，仍嚴格遵守製作乳酪的長年傳統和工法，並承繼至今日（摘錄自帕馬森乳酪協會的官方

表示產品受「原產地名稱保護標識」（PDO）認證的標章，帕馬森乳酪的外包裝上也有貼

網站）。

先前說過，乳酪的味道與外形，會受到每個地方的自然環境與風土很大的影響。帕馬森乳酪更是如此，只要地區稍微偏離一點，各種條件、歷史和文化背景以及生產方法就會改變，最終導致味道的改變。也正因為如此，只有上述地區所生產的乳酪，才被允許冠上帕馬森乳酪之名。

就和日本食品一樣，歐洲也有許多食物與當地狀態密切相關，帕馬森乳酪的義大利語為Parmigiano-Reggiano，本來「Parmigiano」一詞泛指帕爾馬地方生產的物品或那裡的居民，隨著乳酪越來越有名氣，這個詞變成專指帕馬森乳酪本身；而「Reggiano」則是從這個乳酪的主要產地之一的雷焦艾米利亞而來。義大利政府為了保護所有生產者擁有同等權利，故將帕馬森乳酪的製造商團體、帕馬森乳酪協會所提議的「Parmigiano-Reggiano」作為帕馬森乳酪的正式登錄名稱。

作為PDO認證商品，真正的帕馬森乳酪才有「CONSORZIO PARMIGIANO REGGIANO（帕馬森乳酪協會）」的烙印

在忙碌的現代，總稱為「起司粉」的「帕馬森起司」非常方便，但是將真正的帕馬森乳酪含在口中時，那豐富的味道是任何東西都無法取代的出色。

波河的豐饒自然以及不斷磨練技術卻仍遵守傳統工法的師傅們，還有，無論搭配什麼料理，都留有難以忘懷的美味餘韻的帕馬森乳酪。

帕馬森乳酪不止味道好、品質佳，還是與生產地區一邊建立密切連結一邊發展起來的優秀乳酪，帕馬森乳酪擁有只有那片土地的自然與人文才孕育得出的深厚味道，這正是被稱為「義大利乳酪的國王」，真正的帕馬森乳酪的味道。在這層意義上，這種乳酪確實是當之無愧的「國王」。

在即使身在日本，也能遇見世界各地美食的現代，希望我們偶爾也能一邊想著帕馬森乳酪的故事，一邊珍惜著每個地方的物產，在真正的意義上享受美食並度過美好的時光。

手工新鮮乳酪

用牛奶就能製作的簡單乳酪，雖然只是在溫牛奶中加入檸檬汁，但能夠完整體驗到乳清和凝乳分離的過程，這過程可說是製作乳酪的醍醐味，完成品的乳酪就像茅屋起司或里考塔乳酪一樣，在乳清中加入蜂蜜就會成為好喝的飲料。

●材料（牛奶1ℓ）

牛奶……1ℓ（※外包裝的「種類」標示上寫著牛奶）
鹽……2撮
生奶油……100cc
檸檬汁……3大匙

●作法

1. 在鍋子中放入牛奶、生奶油和鹽巴，用中火煮，不時攪拌直到變熱。
2. 在快煮滾前調降至小火，將檸檬汁分次加入，每次加入1大匙，加入時都要慢慢地攪拌。
3. 當出現一粒一粒的固體時熄火，靜置10分鐘。
4. 在碗上疊上篩子，然後再疊上紗布（厚的烘焙紙或不織布也可以），用勺子舀起步驟3，從碗上面倒進去，之後大概等2小時直到水分瀝乾。

食譜連結：https://oceans-nadia.com/user/26/recipe/126384

作法

1.用微波爐製作起司洋芋片。磨碎帕馬森乳酪，均勻散佈在烘焙紙上，用600W加熱2分30秒，取出後冷卻。

2.去除雞腿的多餘肥肉，切成厚度一樣的雞肉塊，去筋。與【A】調和後在室溫中放置30分鐘，再用220度預熱的烤箱烤20分鐘。取出後放置10分鐘，等肉汁吸收後再將雞肉切成適合入口的大小。

3.將沙拉生菜放在盤子上，加入雞肉、碎成適當大小的起司洋芋片以及仔細攪拌過後的沙拉醬。

食譜連結：https://oceans-nadia.com/user/26/recipe/128918

香草雞佐起司洋芋片的豪華沙拉

豪華沙拉上有用帕馬森乳酪所製作、美味絕倫的起司洋芋片，多汁的烤雞與大量的蔬菜讓人吃得滿足。

材料（約4～6人份）

雞腿肉……1大隻
帕馬森乳酪……30g
自己喜愛的沙拉生菜……適量

【A】
白酒……1大匙
鹽……1/4小匙
胡椒、大蒜粉、自己喜愛的香草……各少許

【沙拉醬】
洋蔥切丁……1/4顆
白醋……2大匙
EXV橄欖油……3大匙
鹽……1/8小匙
胡椒、自己喜愛的香草……各少許

第5章

庭院培育的香草、渡海的辛香料

在每天的生活中，香草或辛香料是能夠讓我們感受到異國氛圍就在身旁的東西之一。每當將食物送進口中時，那緩緩飄來的香味——「啊，總覺得來到了國外」，在即使身在日本也能吃到世界各國料理的現代，這樣的想法並不少見吧。

每天活躍在日本餐桌上的好吃佐料有許多種，像是山葵、七味粉、柚子胡椒、山椒還有青紫蘇、蘘荷、蔥、大蒜、生薑等等。如同大家所知道的，佐料非常實用，可以增進食慾、防止菜餚腐敗，也能促進健康，有各種令人愉快的用途，像這類的食材，不只是好吃而已，更是生活的智慧。

而其中只要添放少許就能顯出存在感的，當屬香草或辛香料了，當然歐洲也有很多這類的食材，他們稱之為herb（香草）或spicy（辛香料）。

只要將一小匙的香料用在料理裡，就像是去了趟小旅行，有點像是歐美人一提到山葵時，就立刻想到那是日本的健康食物一樣，這一章想為大家介紹的就是只要一點點就能將人們瞬間俘虜、深具魅力的香草及辛香料世界。

一說到「香草」，大家會想到什麼呢？而說到「辛香料」，腦海中最先又會浮現出什麼？事實上仔細想想，當說到「香草是什麼」、「辛香料指的是什麼」時，覺得困惑的人應該不在少數吧。

像是具有清爽香氣的魅力迷迭香，在現在的日本也變得十分普遍，但迷迭香是香草嗎？還是辛香料呢？

通常我們在說到迷迭香的時候，經常會說這是「廚房用的香草」，簡單來說，這就意味著迷迭香是「能夠用在料理上，增加香氣和風味的植物」，但是這樣說來，辛香料應該也有類似的功能。

各種香草與辛香料，正中間為迷迭香，左下為各種顏色的胡椒

然後，我們再來思考經常出現在我們每日做飯清單上的胡椒吧。如果翻開稍微正式一點的食譜，會出現各式各樣的胡椒名稱，像是黑胡椒、白胡椒、綠胡椒、粉紅胡椒，沒錯，即使說是「胡椒」，實際上也是有黑、白、綠、紅等各種種類（順帶一提，唐辛子雖然和胡椒相似，但嚴格來說是一種叫做秘魯胡椒木的別種植物）。

然而這些是屬於香草嗎？還是辛香料呢？

「胡椒是spicy吧。畢竟是『辛香』料啊。」

這樣想沒有錯，胡椒不只是有刺激性的香味，吃的時候還會稍微辣辣的，所以一定很多人會這麼認為。如同「辛香料」的字面意義，辛香料是「能夠增加香味和辣度（有時還能增色）的食材」，但是如果這樣思考的話，辛香料卻意外地與香草的界線模糊，因為如果以「辣」的部分當作基準，那麼肉桂、丁香等植物，就不能被當作辛香料了。

事實上，當說到「香草」或「辛香料」等詞語時，每個人想到的具體植物都不同，只要想像很受女性歡迎的芳療或是對健康有益的草本茶就會知道，不管是香草還是辛香料，不只能用在料理上，也對保養身體很有幫助，如「廚房用香草」中，有像先前提過的迷迭香或是薄荷等風味強烈的香草，只要吃一點，就會有沁涼及醒腦的爽快感。

所以當人們在定義香草與辛香料區別時，會因為「著眼點」的不同而造成內容的改變。

例如從做菜的方法來看時，也經常聽到如下的意見。

「所謂的『香草』，應該是指生的葉子吧？因為無論是迷迭香、羅勒或百里香，都是使用綠色的『葉片』部分。」

「反之，說到『辛香料』時，總感覺是指乾燥的食材。無論是胡椒、經常用在咖哩的芫荽或孜然等，都是將『種子』或『果實』的部分乾燥不是嗎？」

這些也是非常具說服力的意見，會讓人覺得似乎的確如此。但遺憾的是，如果將被稱呼為「香草」或「辛香料」的植物一一分開來看的話，這樣的分類定義依然讓人感到困惑。

舉例來說，現在以phakchi之名在日本大為流行的食材之一．芫荽，英文是coriander，中文叫做香菜，泰語叫phakchi，其實指的都是同一種植物。如同大家所知道的，芫荽莖和葉的部分可以生食，但其實根的部分也有強烈的味道，同樣可以食用。而乾燥後的成熟種子，則經常用在咖哩或印度的辣味燉菜等具有辣度的料理裡。

香菜的根、莖、葉及乾燥過的種子都可以食用

芥末也是同樣的情況。我們日本人都知道黃芥末醬是將芥菜類的種子沾酒、醋、果汁等液體軟化後調製而成，而本來芥末葉的部分可當做沙拉的生菜葉食用，如此一來，要以使用的植物部位是葉、花還是根、莖、種子來分類就變得相當困難，而且也無法用生食還是乾燥的定義來區分。

實際上，也不僅限於日本人無法清楚區分香草與辛香料，什麼是「香草」、什麼是「辛香料」，對歐洲人來說恐怕也因人而異。

不過歐洲的情況是，大家會模模糊糊地有個共同的理解，當說到「香草」或「辛香料」時會浮現出一個模糊但強烈的印象，若具體地觀察詞語的構成就能理解這個印象怎麼來的，在此就來為大家分析。

「herb（香草）」一詞原來是英文，若追溯其源頭，可以連到拉丁語的「herba」，為「草」的意思，但這並不僅是作為食材的「草」，歐洲自古就會使用有療效的植物治病或是作為養生茶飲用，所以會在自家旁的庭院中種滿這類有幫助的「草」。

另一方面，「spices（辛香料）」一詞又是什麼呢？這是從拉丁語「species」而來，從前在歐洲，這詞就經常被使用在「從遠方運來的物品」之意。也就是說，海關等職員之間在處理從遠方運來的物資的時候，會說「今天從哪裡哪裡照例運來舶來品（species)」，所以以前這個詞語並不是專指我們現在所說「spicy（辛香料）」，而是只要是從遠方運到歐洲的香料或藥品，甚至像是砂糖或染料都可以說是「species」。

不過在這些舶來品中，特別珍貴且昂貴的物品正是辛香料。若要將英文的「special」一詞追本溯源的話，其實這詞與「species」有很深的關聯，這樣就可以看出，當時穿越海洋遠道而來的物品被視為是「特別的」。

其實無論是肉桂、胡椒、生薑還是丁香，現在被視為「辛香料」的植物，多半都是原本歐洲氣候難以孕育的植物。這些植物經由陸路、海路等各種路徑被帶到歐洲，當然也花費相當多的時間與費用。如果是在新鮮的狀態下搬運，植物容易受傷也會增生，運輸會變得非常麻煩，所以「辛香料」多半是乾燥過、利於保存的狀態，也因此即使量少，仍是色香味都很強烈的食材。辛香料被課予高額的關稅後，最後終於出現在歐洲人的餐桌上。

那麼，對歐洲人來說非常熟悉的「香草」，具體又是什麼樣的東西呢？

這裡有份歷史上有名的庭園種植香草的清單。任法蘭克王國的國王、西羅馬帝國皇帝的那位有名的查理曼大帝（Charlemagne，七四七／七四八～八一四年），在自己領地的庭園內，種植了七十三種種類的香草以及十六種的果樹。還有創立於七世紀，作為中世紀歐洲的「知識」中心而帶來繁榮的瑞士聖加侖修道院，同樣有果樹園、菜園和藥草園等等，於九世紀殘留至今的平面設計圖中清楚地證明了這件事。

在此地種植的十六種香草中，大部份都是現今日本人所不熟悉的。不過不清楚香草的人可能也聽過其中的一些名字，像是迷迭香、辣薄荷、留蘭香、藥用鼠尾草、孜然、茴香等。

在這裡比較有趣的是出現了孜然的名字。孜然是現在做咖哩粉時調製辣香的基礎，所以怎麼看都比較像是「辛香料」吧，不過如果看了這份清單，似乎孜然對歐洲人來說自古就是很熟悉的植物，也就是說若用剛才的區分：「香草」是指種在附近的植物，而「辛香料」是指從遠方運來的物品的話，不如說在查理曼大帝時代時孜然也是所謂的「香草」呢。

在希臘、羅馬文化自古以來就很發達的地中海周遭，還有茴芹、月桂葉、葛縷子、墨角蘭、香芹、芝麻菜、百里香等較為有名的植物，也就是說在歐洲這些植物自古以來都是「香草」的一份子。

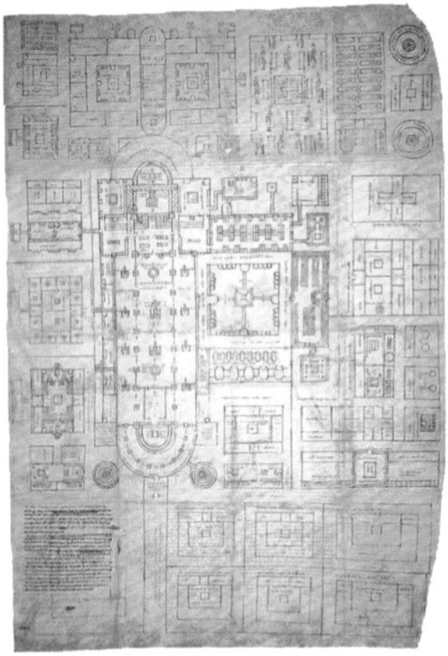

聖加侖修道院的平面設計圖，左上為藥草園，一般被認為是以查理曼大帝的藥草園為基礎設計的

而這些香味強烈的香草或辛香料，主要用於醫療、食用還有宗教儀式上。

如同從古埃及法老墓中發現的木乃伊是使用香料進行防腐處理的一樣，自古以來這些「香氣」在宗教上就是潔淨的象徵。

耶和華曉諭摩西說，你要取上品的香料，就是流質的沒藥五百舍客勒，香肉桂一半，就是二百五十舍客勒，菖蒲二百五十舍客勒，桂皮五百舍客勒，都按著聖所的平，又取橄欖油一欣，按作香之法，調和作成聖膏油。

（《出埃及記》第三〇章第二二～二五節）

獻給神明的供物必須先用香料清潔、用散發芳香的聖膏油灑在儀式用品上，將物品變得神聖。也就是說，「香氣」本身被認為擁有能夠驅魔除惡的力量，尊貴的聖人身上散發著難以言喻的芳香之氣，而且因為香氣擁有神聖性，也被認為能夠中和、淨化造成中世紀歐洲許多人死亡的黑死病之毒。

此外，若提到飲食，香草和辛香料在這方面也貢獻卓越，不僅可以防止食物腐敗，還能將放很久的食物變得美味。比較容易保存的穀物或豆類姑且不論，但魚、肉或乳製品等動物性食品非常容易變質，雖然為了保存也有煙燻、醃漬等方法，但只要時間一長，這種處理方法還是會讓食物走味，於是為了彌補或者是說欺騙味蕾，香草和辛香料就變成每日生活不可或缺的物品，比起現代使用這類食材是為了提煉料理的味道，香草或辛香料在實用面的效果更被當時的人們所期待。

還有，歐洲傳統認為「維持身心健康要從飲食開始」也是原因之一。這種想法可以說是歐洲式的醫食同源。古希臘流傳的醫學體系認為，世界由四元素（風、水、火、土）所構成，人類身體裡也有對應四元素的體液（血液、黏液、黃膽汁、黑膽汁），四體液維持在均衡狀態即是理想的「健康」，如果平衡被破壞則會「生病」。

而此處的重要問題即為「飲食」，因為正是「人吃下去的食物」製造出成為「健康」與「生病」基準的體液，所以「要吃什麼」就成為至關重要的事情。

（……）比起醫術，更強力的最終目標是確實的飲食療法。如果不遵守，你會變得一直在執行愚蠢錯誤的方法。醫師必須仔細叮囑，讓病人能夠攝取到實現食療的食物，像是選擇什麼性質、要吃什麼、怎麼吃、什麼時候吃、吃多少、吃幾次、在哪裡獲得等等。

（《薩雷諾養生訓》五五）

這類的知識，是以知名的蓋倫為首的古希臘羅馬醫學專家們所整理出來的。但隨著羅馬帝國的瓦解，這類的知識在歐洲變成以修道院為中心，勉勉強強地傳承下來。其他地方，像是伊斯蘭圈也繼承了這類的知識並成為大規模的知識體系。到了十二世紀時，歐洲發生了一波知識運動的浪潮（可說是十二世紀的文藝復興），在這股浪潮中這兩大派再度合流，並透過大學的發展將知識在歐洲傳播開來。

這本《薩雷諾養生訓》便是在這股浪潮中誕生的書籍，這本書收集了南義大利薩雷諾地方的養生知識，就像是健康手冊般的東西。這裡我將書中關於歐洲自古就有的茴芹、藥用鼠尾草、作為「species」帶進來後變成日常品的胡椒的功能，以及大家所熟悉的麵包、葡萄酒、肉等食物一一介紹給大家。

《薩雷諾養生訓》書籍初版的扉頁插畫（1840年）

不好的麵包為剛烤好或放置已久；好的麵包為發酵過、外表粗糙、精心烤製並有適當鹽分，用優質穀物製成。最好不要吃麵包皮，因為會讓體內的膽汁燒焦。若是選擇有少許鹽分、發酵過、精心烤製的麵包會對健康有益，不這樣做的話就會不健康。

（《薩雷諾養生訓》十九）

如果沒有配葡萄酒的話，烤豬肉比羔羊肉還差。但若加了葡萄酒，豬肉就是很好的食物，是身體的良藥。

（《薩雷諾養生訓》二〇）

茴芹對視力好也能健胃，好的茴芹充滿甜味。

（《薩雷諾養生訓》五〇）

（……）藥用鼠尾草能強化神經，使手不顫抖。藥用鼠尾草能退燒，即使是急性高燒也不敵它的力量。……藥用鼠尾草是生病的救星，自然界的調停者。

（《薩雷諾養生訓》五九）

黑胡椒能讓食物快速分解，因為黑胡椒能去除黏液、促進消化。白胡椒對胃很好，能止咳、止痛，也能預防發熱與惡寒。

（《薩雷諾養生訓》七四）

在歐洲，胡椒是非常早期就已經輸入的「species」，也就是所謂的「辛香料」之一。印度產的胡椒早在西元前六世紀～五世紀左右就傳入歐洲，和其他的辛香料一樣，一開始是當作醫藥品輸入進來，不過最後則變成食材，雖然因為輸送路線複雜所以價格居高不下，但在羅馬帝國的人民之間仍然廣受歡迎。

> 胡椒如此受歡迎真讓人吃驚。事實上，相較於其他食材可能因為甜味而受到歡迎或外表美觀引人注目，胡椒無論是乾燥或新鮮的，都沒有什麼能特別推薦給別人的地方。胡椒只是因為刺激性強、強烈的辣味受到歡迎，人們甚至遠至印度尋求胡椒，到底一開始是誰試著將胡椒當作食物的呢。（中略）無論是胡椒還是生薑，這兩種食材在原產地都是大自然的產物，但這些食材卻像金銀一樣被放到天秤上兜售。
>
> （老普林尼，《博物志》第十二卷第十四章第二九節）

如同中世紀時有「像胡椒一樣貴」的說法，即便是在當時的辛香料之中，胡椒也是最貴且最受歡迎的一種。中世紀對以胡椒為首的辛香料需求達到了狂熱的高峰，但隨著時代推移，新航路的發現，以及葡萄牙、荷蘭進出香料群島後，要將辛香料帶往歐洲變得容易許多。此外，也有成功移植到歐洲並在當地生產的例子，像是丁香、番紅花等。

諷刺的是，隨著供給量飛躍般地成長，辛香料帶來的「特別」光芒也日漸薄弱，流行漸漸退燒。曾經區分了貴族與平民，珍稀的、高價的、讓人憧憬的「辛香料」，到了十七～十八世紀的啟蒙主義時代，已普及至大眾，變成為平民飯桌增色的食材。

如此一來，原本就在歐洲的「香草」與從遠方來的「辛香料」在今日變成都是一樣便宜的價格，誰都能夠輕鬆取得。這些食材以各種形式被活用，有時被用在維持健康、有時被用來保存食物、或是被用在每天做家事或做飯時使用，深深根植在人們的生活中。

如今我們日本人可以輕鬆地以各種形式享受到不同種類的香草與辛香料所帶來的樂趣，關於「什麼是香草、什麼是辛香料」的定義也有了極為多元的解釋。不過至少以歐洲人的感覺來說，香草是指總是生長在那、每天都能輕易摘取的熟悉植物；而相對地，辛香料散發著遙遠異國的香氣，擁有異國情調，價格稍高，充滿能讓料理變得更好吃的宴會感──歐洲人恐怕一定是這樣認為的。

不過，無論是香草還是辛香料都在漫長的歷史中被使用在各種場合裡，深深地根植在現今人們的生活中了。

香草茂盛的庭園以及許多排列在架上的辛香料瓶──。無論是哪種，對歐洲人來說無疑都是能感受到家庭溫暖的食之風景。

煎豬肉佐彩色生菜沙拉

充滿藥用鼠尾草香氣的豬肉配上色彩鮮豔的蔬菜沙拉，是分量十足的一道菜，和濃郁又清爽的優格沙拉醬十分般配。

●材料（約3～4人份）

豬肉
（腰內肉、腿肉等脂肪較少的部位）……250g
自己喜愛的沙拉生菜……適量
橄欖油……適量

【A】
橄欖油……1大匙
白酒……2小匙
鹽、乾燥藥用鼠尾草……各1/2小匙
胡椒……少許

【沙拉醬】
無糖優格……6大匙
核桃油（沒有的話可用橄欖油或葡萄籽油代替）……3大匙
搗碎的大蒜……1/2片
鹽……1撮
檸檬汁……少許

●作法

1. 將豬肉切成容易入口的大小，一塊約1.5公分寬，與【A】調和後放進冰箱30分鐘到1小時。
2. 等待的期間將沙拉生菜裝到盤子上（紅蘿蔔等較硬的蔬菜就稍微灑上鹽巴，味道會變好）。
3. 用煎烤盤或平底鍋加熱橄欖油，放入豬肉，煎到豬肉兩面都呈現焦色為止。
4. 將煎好的豬肉放到生菜上，淋上沙拉醬。

食譜連結：https://oceans-nadia.com/user/26/recipe/119260

第6章

充滿不可思議的夜 歐洲的萬聖節

每到十月，正是街上漸漸充滿秋意的時節。到了這個時期，經常會看到店家陳設和萬聖節有關的商品，像是由橘色和黑色妝點而成、可愛又帶點恐怖感的南瓜或是到處出現的鬼怪裝飾，讓人感到節日愉快的氛圍。日本人以前幾乎不知道萬聖節，現在萬聖節卻流行起來，特別受到有小孩的家庭的歡迎，萬聖節作為歐美發源的節日，受歡迎的程度可說是僅次於聖誕節。

不過在這熱烈的氣氛中，有個疑問也會時常浮現出來。事實上對日本人來說，萬聖節是一個謎團相當多的節日不是嗎？或許許多人不知道原本到底是為了什麼而要舉辦萬聖節，大概只是覺得萬聖節有許多搞怪可愛又有趣的角色，而且充滿活力十足的橘色以及各種裝飾，光是看著就讓人忍不住想笑。即使不知道原本的意義或目的也能夠享受這節日的魅力，這就是萬聖節。

或許會讓讀者覺得意外，不過我們日本對萬聖節抱持的疑問，其實對歐洲人來說在有些地方是類似的。每到秋天，萬聖節就蔚為話題，店家也都擺上許多相關商品，也有大量萬聖節一定會出現的食物或料理，人們聚在一起玩遊戲、扮裝、惡作劇等等，孩子們挨家挨戶唱著「不給糖就搗蛋（Trick or Treat）」，纏著要糖果。但到頭來，到底為何要有這些活動，大家還是全然不知，可是只要有哪戶人家邀請朋友參加派對，人們還是會高高興興地前去。

對於歐洲人來說，這個於歐洲誕生、並在美國新天地大受歡迎的萬聖節，某種意義上可說是「古老的新節日」。無論是對日本人來說、還是對歐洲人來說，萬聖節似乎都不是個熟悉的節日，雖然看上去知名度很高，但事實上是個充滿謎團的節慶。

在這個章節中，大家會讀到萬聖節與歐洲的關係，然後我也會一邊盡情介紹秋天對歐洲人的意義、歐洲萬聖節的情景，還有與之關聯的食物或料理的趣聞。

首先，大家知道萬聖節是在什麼時候嗎？沒錯，就是每年的一〇月三一日，但老實講這個日期對日本人來說是有些微妙的時期，因為這段時間日本正沉浸在享樂的季節中，大家在風清氣爽的藍天白雲下，趁秋季連假出遊玩樂或是參加運動會等校園活動，在不冷也不熱的好天氣下出遊，真的是讓心情舒爽的一大樂事。但另一方面，這時期直到聖誕節為止都沒有其他要特別慶祝的大型節日，換言之，這個季節在節日慶典上是一片空白，然而在這個時期中生氣勃勃地出現的，便是萬聖節慶典，不過當然也不是什麼根據都沒有就將萬聖節訂在十月的最後一天，事實上這個日期和歐洲舊曆有很深的關連。

在歐洲，秋天也是收穫的季節。例如一說到秋天，人們會馬上聯想到於每年十一月的第三個星期四開封的新酒．薄酒萊葡萄酒。或是只有這個時期才吃得到、生長在群山之中的蘑菇，人們能夠享受到只有秋天才有的美食或狩獵料理（使用打獵取得的野生禽獸做成的料理）。在樹木閃爍著金黃色的秋天風景中，人們遙想作物的豐碩果實，農家則準備過冬而屠宰家畜，因此秋天也是儲備糧食的季節。但秋天一過去，人們只能等待嚴寒的冬天降臨，陰沈的天空佈滿烏雲，下雨或起霧的日子也變多，日落的時間也一天比一天早，也出現因為日照時間過短所引起的「冬季憂鬱症」，店員們奇妙地變得不愛搭理客人，留學生們的氣氛也變得死氣沈沈，都是從這時候開始的。

與氣候較為溫暖的日本不同，歐洲的十月已是迎接冬季來臨的時刻。到了十一月底時，才終於變得比較有聖誕節的氣氛，這段時間可說是一年之中最「了無生趣」的季節。

歐洲的晚秋，就是從夏天到冬天的過度時節，蔥綠的樹木在不知不覺間葉子掉落一地，人與動物們也一片沈寂——。看著「復活節」一詞就能明白，以前歐洲認為夏天是「生命」的象徵，而冬天代表「死亡」（參考第二章）。如同復活節原本是迎接春天的慶典，十月到十一月的季節正是告別夏天、迎接冬天的時期。因此在基督教廣為流傳以前，歐洲就已視這段時期為一大節日，舉辦各式各樣的慶祝活動。

篝火之夜燃燒的假人

像是十一月五日便是英國最喜愛的節日之一，篝火之夜（Guy Fawkes Night）。一六〇六年蓋・福克斯等人企圖暗殺國王詹姆士一世而被處以死刑，所以在這一天人們會燃燒蓋・福克斯的假人並放煙火。其他國家則有十一月十一日的聖瑪爾定節，此節日以法、德為中心在歐洲流傳開來，並含有收穫祭的意義，所以今年釀的葡萄酒要在這一天喝第一口，並且吃與聖人瑪爾定有緣由的鵝肉料理，從以前這一天就被視為是「冬天之始」的紀念日之一，所以也經常能夠看見提燈上街的隊伍。

不過其中跟萬聖節關係最深的就是十一月一日的諸聖節。

聖瑪爾定節的鵝肉料理

諸聖節的英語簡單稱為All Saints或是All Hallows，所謂的「萬聖節（Halloween）」之名像是省略了什麼一樣，其實就是指諸聖節的前夜（All Hallows' eve）。這一天是基督教的聖人或殉教者的紀念日，並結合隔天十一月二日的諸靈節，歐洲自古以來會在這一天思念死去的家人或親人，許多人也會帶著菊花前去掃墓。

這些不同的紀念日都有各自的紀念內容，但一連串活動的共通點就是告別「夏＝生命」的季節，並思考「冬＝死亡」這件事情。對歐洲人來說，十月到十一月的時期就如同日本的盂蘭盆節一樣，是一年之中最靠近死亡與死者的時期。

埃米爾・弗里安特描繪在萬聖節掃墓的家族（1888年）

為了迎接並慰問死者，所以會舉辦饗宴並點起憑弔之火；而為了慶祝豐收，或為了驅逐惡靈，會燃起篝火並大聲喧嘩。根據活動、國家、地區與人的不同，產生了各式各樣的內容，但無論是安靜還是喧嘩地度過，在這時期的各種節日裡都散佈著大量類似的元素。

而萬聖節則是吸收了這些要素，然後替換、混合各種活動與日程，在歐洲靜靜地成長了起來。所以萬聖節擁有有趣又愉快的節日氣氛，但同時又充滿超現實和毛骨悚然感，散發著有點恐怖但又可愛的不可思議氛圍。

那麼，大家對萬聖節這一天到底要做些什麼，抱持怎樣的印象呢？是穿上鬼怪、木乃伊或魔女的戲服並上妝，還是一邊說著「不給糖就搗蛋」一邊到鄰居家討糖果？當然，用橘色南瓜做成的傑克南瓜燈等裝飾也是必備的。

確實在今日的歐洲也會做這些事情，但其實這些內容基本上都是在美國誕生的習俗。在歐洲誕生的萬聖節，於十九世紀時和移民一起漂洋過海傳到了新天地美洲，並在那裡轉變成為新的形態。

那麼歐洲原本到底是過著何種風格的萬聖節呢？事實上，在歐洲的萬聖節中充滿了意想不到的食物逸話。

例如我們日本人也很熟悉的蘋果。蘋果在歐洲也是代表秋冬的水果，蘋果除了好吃與運用容易外，採收後也容易保存，所以在冬天時是非常珍貴的寶物。蘋果在萬聖節派對中以各種形式登場，例如有一個遊戲的場景，大家可能在小說或電影中看過，就是將浮在盆子水面上的蘋果用嘴巴咬出來，稱為「Apple bobbing（叼蘋果）」的常見遊戲。原本蘋果成熟的時節是十月，所以仍殘留著大量凱爾特文化的愛爾蘭部分地區，仍稱十一月一日為「蘋果日」。

叼蘋果

丹尼爾・麥克里斯，《咬蘋果之夜》（1833年）

英國與愛爾蘭部分地區，以前也會稱萬聖夜為「Snap Apple Night（咬蘋果之夜）」，咬蘋果遊戲比一般叼蘋果更加危險，據說是在一根吊著的四角木棒上一邊綁著蘋果，另一邊則綁著點火的蠟燭，參加遊戲的人要閃避燃燒的蠟燭並用嘴巴咬到蘋果（！）。雖然這種危險的遊戲現在已經不流行了，不過就像日本也有叼麵包賽跑一樣，許多地方都有舉行類似的遊戲，就是用嘴巴叼住被綁住下垂的蘋果然後賽跑。

在萬聖節這一天運用蘋果進行的遊戲還有很多，像是傳說在萬聖節的午夜十二點，站在鏡子前吃蘋果的話就能占卜運勢，鏡中會出現愛人的影像，或是把蘋果削皮，越過左肩往後丟的話，地面上就會出現未來伴侶的名字，或者將蘋果切成一半，看剖面有幾顆種子藉此占卜運勢——。

雖然無論是歐洲還是美國都有各式各樣的做法，但萬聖節遊戲的一個特徵就是充滿占卜的要素，畢竟萬聖夜是一年一度將未知世界與現實世界連結的神秘之夜，所以從以前人們就認為有無計其數的不可思議力量會在這一天湧現。

其他用在萬聖節占卜遊戲的食物還有很多種。

像是樹木的果實。在秋天時能夠大量收穫的堅果類，對歐洲的原住民、凱爾特人來說是淵源很深的食物。人們會將胡桃或榛果丟進火爐中，然後占卜與戀人的關係，這個「開堅果」的占卜有時也會在國外的影集中看到，在日本也是還算有名的遊戲。除了占卜戀愛關係，這還能占卜丟堅果的本人是否能活到下一個萬聖節。還有傳說將胡桃、榛果、肉豆蔻、奶油加上砂糖揉成一小團，在萬聖夜就寢前吃下的話，就能做預知未來運勢的夢。即使是現在，萬聖節的遊戲中仍經常使用這類堅果類的食物，像是將堅果藏起來讓大家去尋寶，找到的人就有獎品等。

更何況樹木的果實本身就是收穫的象徵，例如帶殼的花生，或是在西班牙加泰隆尼亞等地區於萬聖節會吃的點心「panellets」，也是使用松樹的果實。

也有的占卜使用高麗菜或甘藍菜。雖然從日本人的角度來看，會覺得「為何這裡突然來個高麗菜？」但在歐洲，高麗菜是冬天必備的蔬菜。高麗菜富含維他命C，原本是種植在強風呼嘯的海岸，屬於生命力旺盛的作物，被視為珍寶，即使是在其他蔬菜都突然消失的冬天，市場上仍賣著強悍的高麗菜（順帶一提，歐洲的高麗菜比日本的高麗菜葉子更硬，結球的部分又結實又重，所以能保存很長一段時間）。至於營養價值高、作為青汁原料而在日本家喻戶曉的甘藍菜，可說是高麗菜的祖先。

像是在十八、十九世紀的蘇格蘭，每到萬聖節時，大家會先去甘藍菜園拔甘藍菜莖藉以占卜。

到了愛爾蘭則變成要去高麗菜園，還要用倒退走的方式進入菜園，而且必須矇上雙眼。無論如何，據說菜莖才是重點，菜莖可以預測未來伴侶的性格，像是菜莖是否又大又直，或是試著輕咬菜莖，看是甜的還是酸的等等。

說到愛爾蘭，這是一片與萬聖節有很深淵源的土地。因為這片土地遠離古羅馬帝國的支配，自古以來就一直保有凱爾特文化，流傳了許多妖精傳說或不可思議的故事，特別是在愛爾蘭北部，直到二〇世紀初期都還相信「若孩子一個人行走在萬聖節的夜裡，就會被妖精抓去」。

而在這種時刻派上用場的，就是麥片。麥片是剝除大麥殼後蒸熟的顆粒，在愛爾蘭，麥片粥是主要的食物。在特別的日子裡，人們還會在麥片粥中加入樹木的果實或是蔬菜和肉類，讓麥片粥變得稍微豪華一點，麥片對愛爾蘭人來說是非常熟悉的存在。為了防範妖精，此時的做法就是在麥片粥中加入鹽巴然後將孩子的頭髮混進去。

另外，蛋殼也是應付妖精做惡時的有效對策。妖精會來偷盜嬰兒，並將自己的孩子與之交換，外表根本分不出來真偽。這時就是蛋殼出場的時候，人們只要在嬰兒面前煮蛋殼，如果是假的嬰兒就會發出大人的尖叫聲並顯露原形。

像這樣，許多與萬聖節有關的食物逸話都十分有趣，但大家是否有發現一件事情？那就是對歐洲人來說，自古活躍於萬聖節派對上的食物都是非常親近且容易取得的食物。所以可能會有人覺得十分不可思議：「無論怎麼都等，都沒看到最重要的南瓜出現。」事實上，南瓜變成萬聖節的主角這件事是從美國流傳過來的。雖然歐洲自古也有南瓜，但萬聖節的故鄉愛爾蘭並沒有吃南瓜的習慣，尤其那種顏色絢麗的南瓜是新大陸才有的品種。其實在愛爾蘭或蘇格蘭，流傳的是用蕪菁做成提燈的故事，知名的傑克南瓜燈最初是用蕪菁做成的，也就是說，蕪菁對這個地區的人來說才是習慣的食物。

另一方面，南瓜在美國是非常受歡迎的蔬菜，但即使如此，當說明萬聖節慶祝方法的書第一次在美國正式出版時，裡面

用蕪菁做成的傑克燈（這類提燈是用瑞典蕪菁等大型蕪菁做成的，與日本蕪菁在味道與外表上都有很大的差異）

卻寫著其實不一定要用橘色的南瓜才行。剛開始的時候，蘋果、小黃瓜等，只要是眼前容易取得的蔬果都能作為目標，將蔬果挖空，做出眼睛、鼻子、嘴巴並將裡頭的蠟燭點燃就可以了。

但是擁有鮮豔明亮的橘色、外皮加工容易、於晚秋成熟的新大陸南瓜，具備了一切絕佳條件，南瓜的魅力瞬間就虜獲人心。所以早在移民來到美國的十九世紀，南瓜就已經成為萬聖節的代表而廣為人知。早在萬聖節傳入的幾十年前，在美國就有於橘色大南瓜上頭雕刻「陰森笑臉」的文化，可能也因為如此才使得南瓜更容易被接受。而橘色的南瓜現在在歐洲也同樣被接納作為萬聖節的象徵。

最初歐洲是用蕪菁做傑克燈，所以一開始橘色南瓜燈並不為人所知。關於美國使用橘色南瓜的文化要到何時才為歐洲人所知，雖然每個國家略有不同，但根據最近的研究顯示，僅僅是最近二～三〇年的事情而已。

像是一九八二年上映，由史蒂芬．史匹柏執導的科幻電影《E.T.外星人》、或是一九九三年上映，由提姆．波頓監製的《聖誕夜驚魂》，甚至不只是這些知名的美國電影，還有一九九七年在英國出版第一集的《哈利波特》系列中，都出現許多美國式的萬聖節場景與元素，並將這些印象介紹到了歐洲。

而這些橘色南瓜的人氣，主要透過媒體以各種形式擴散開來。尤其是一九九七年秋季，法國電信發表名為Ola的手機，新手機的電視廣告中出現的萬聖節活動帶給歐洲人深刻的印象，並帶來決定性的宣傳效果。這間公司將萬聖節當日發售的新機種命名為「Olaween」並廣為宣傳。以這支充滿橘色南瓜與萬聖節氣氛的電視廣告為契機，美國的新型態萬聖節文化因此在法國變得廣為人知。在這段期間，歐洲其他國家也有發生類似的事情，像是北歐瑞典的麥當勞，剛好在同年推出搭配魔物和巨人的「Happy Meal」（在日本就等於是提供給孩童並搭配玩具的兒童餐）。

事實上，在這之前歐洲人所知的萬聖節，充其量就是以上美國學校、熟悉美國文化的人為中心所舉辦的萬聖節，就像是雖然知道有這個節日，但自己並不會參加。但之後透過電影、小說的影響，加上媒體的報導，美國式的萬聖節活動被盛大的宣傳，街上充滿萬聖節相關商品與玩具、扮裝用的戲服與糖果，以及為了準備派對而出現的南瓜料理食譜。

當然，橘色的南瓜也是一樣的，隨著美式的萬聖節越來越流行，歐洲對萬聖節南瓜的需求也越來越高。若只看法國的生產量，一九九〇年是一萬四六〇〇公噸，到了一九九七年則變成二萬三九〇〇公噸，看得出來這時期的產量急速增加。南瓜本來是適合生長在農家傳統菜園中的陰涼處，夏天採收後不僅能成為豬的飼料，還能加到混合肥料中，幫助大葉植物保持水分，即使枯萎了，南瓜本身也會變成有機肥料，被視為珍寶。所以一到秋天，每戶人家都會把形狀良好的南瓜掛在菜園的牆壁上當做裝飾，有時也會像做傑克南瓜燈一樣把中間挖空，在裡面點上蠟燭。但是歐洲原本的南瓜和日本的不同，煮了之後不會變得鬆軟而且充滿水分，所以並不是受歡迎的食材，只有在喜歡義大利麵的義大利比較受到歡迎，在其他國家則是常作為南瓜湯食用，但人們對南瓜的印象仍多半是「家畜的飼料」、「貧窮農民的食物」，不能說是會讓人感到愉悅的蔬菜。不過因為以前從新大陸帶進新的品種，加上近年美式萬聖節文化的輸入，所以即使是歐洲也以特別的待遇大量栽種「萬聖節南瓜」。

裝飾用南瓜的人氣也帶動了食用南瓜的生產量增加，萬聖節的橘色因為明亮且討喜，甚至進入了料理或擺盤的領域。南瓜因此被廣泛地活用，變成非常方便的蔬菜，從前菜、湯、主菜甚至到甜點——。以萬聖節為主題的廚房用品或食譜也都賣得相當好，本來以企業的角度來說，從秋天到聖誕節這段時間是商業活動青黃不接的時期，若是能流行像這樣虜獲人心的慶典，對企業而言是極為歡迎的。

美國式的新萬聖節就這樣慢慢地在歐洲人之間流傳開來，「一開始不太清楚，但電視或雜誌上都有，在街上也能看到許多有趣的商品」，大家不覺得這樣的情況和日本有些類似嗎？

但無論媒體怎麼樣大肆宣傳，若僅是如此，萬聖節是無法流行起來的。萬聖節的流行，仍然是因為其中擁有一股怎麼樣都讓人想親自參加看看的魅力。

有人會篤定地說：「萬聖節最大的魅力是『歡樂』！」萬聖節是忘卻日常、成為與平常不同的自己的絕佳機會，用各種裝扮包裝全身，與今天第一次見面的人交談，一邊吃著好吃的點心或料理一邊促進跟朋友的關係。事實上，從歐洲慶祝萬聖節開始，要說最等不及萬聖節來臨的是誰，無非就是從農村來的勞動者們了。他們還不習慣都市的生活，也不太有機會與人交流往來，但是過去在冬季漫長而嚴寒的北歐，若人們沒有在入冬以前打好人際關係將會非常辛苦。從歐洲渡海到新天地美洲的移民也是靠著萬聖節文化縮短與其他同伴的距離，正因為如此，萬聖節文化才會在未知的大地上那樣蓬勃發展。在今日的美國，也時常有人指出萬聖節帶來的重要功能之一就是強化地方的聯結，或許這就是由萬聖節的「歡樂」所結成的人跟人之間的緣分與羈絆。

混合著「死亡」的氣息與「歡樂」，不可思議的節慶，萬聖節——。

源自歐洲、在美國轉變成新的型態，萬聖節擁有著極為複雜的歷史，融合了各種要素演變至今。即便是現在，萬聖節依然配合著每個土地的不同做法而持續進化著。

不過正是因為這份不可思議才讓我們抱有「萬聖節是什麼？」的疑問，這也是萬聖節的魅力之一，一旦開始思考這個問題，才是讓我們重新審視他國文化或自身文化的最好契機。

在歐洲，人們除了熟悉愛爾蘭或蘇格蘭自古留存下來的萬聖節文化之外，也同時享受著美式的萬聖節。但是在法國、義大利、西班牙等天主教徒較多的地方，仍然有許多人對新型態萬聖節的流行抱持著困惑，這也是事實。一定仍有不少人覺得，這段時期應該要對死者表達敬意，靜靜地思考死亡一事，比起熱鬧喧嘩的萬聖節，應該要好好地過基督教徒式的諸聖節與諸靈節。

現在的歐洲是許多思考方式混雜在一起的狀態，我們住的日本也一樣，應該要怎樣接受在這數年間人氣急遽攀升的萬聖節文化呢？特別是在歐洲還有宗教問題的關係，使得情況更加複雜，在這層意義上，可以說不論是國家、地區還是人文上的不同，大家面對節慶時產生的問題都沒什麼差異。

萬聖節的許多活動都是起源於歐洲的風俗，再加上美式的慶祝方式，超越時代、地域，人們可以看見各式各樣的做法，但無論如何，這就是「歡樂且不可思議」的萬聖節。

那麼，各位今年的萬聖節會如何度過呢？畢竟機會難得，就過一個大家都能愉快度過的、超棒的日式萬聖節吧！

愛爾蘭水果麵包（Barmbrack）

這是愛爾蘭的萬聖節所不可欠缺的香料蛋糕，這個國家很少用酵母做蛋糕，反而是每個家庭幾乎都會做這樣的水果麵包，好吃又簡單的外皮讓人回味無窮、水果乾的甜味、香料與紅茶的香氣，讓人怎麼樣都吃不膩。烤麵包的時候會在裡面放進戒指或硬幣等物品，人們會在派對的尾聲用這個進行占卜。

●材料（約6人份）

低筋麵粉、高筋麵粉……各80g
發粉……1小匙
濃紅茶……1杯
葡萄乾……100g
（※若一半用蘇丹娜葡萄乾，顏色和味道都會更好）
砂糖……80g
蛋……1顆
蜂蜜……適量

【A】
肉桂粉……1/2小匙
肉豆蔻粉、多香果粉、鹽……各1/4小匙

●作法

1.在碗裡放進葡萄乾和砂糖，注入紅茶攪拌，放置約20分鐘讓它稍涼，烤箱預熱至180度，在磅蛋糕模上鋪上烘焙紙。
2.將打到均勻的蛋倒入步驟1，並加入低筋麵粉、高筋麵粉、發粉與【A】，攪拌到均勻為止。
3.在180度的烤箱中約烤40分鐘。在烤到15分鐘的時候，麵包的表面乾燥，此時用刀子在正中間縱切出一道痕跡。
4.烤好後將麵包從模型取出，趁熱塗上蜂蜜，待麵包稍涼後切成薄片，依喜好塗上奶油。

◆若有加入占卜用的物品，烤的時候請用烘焙紙包住。

食譜連結：https://oceans-nadia.com/user/26/recipe/132766

馬鈴薯捲心菜泥

這道菜是萬聖節的「故鄉」愛爾蘭的慶祝料理，充滿滑順綿密的馬鈴薯泥與稍硬的高麗菜（或甘藍菜），只是加入了高麗菜為何就如此好吃呢!?這道菜實在是意外地美味。

●材料（2~3人份）

馬鈴薯……3顆（約400g）
高麗菜……3顆（※最好使用接近外葉較硬的部分）
珠蔥（本來使用青蔥、蝦夷蔥等）……適量
【A】
奶油……2片（20g）
鹽、黑胡椒……各少許
牛奶……40~50cc（※加熱至不燙人的溫度）

●作法

1.用菜瓜布仔細清洗馬鈴薯，將帶皮馬鈴薯、能夠蓋過馬鈴薯的水和少許鹽巴（分量視情況自行爭酌）一起放入鍋子裡，開火煮20分鐘直到馬鈴薯變得柔軟為止。
2.把高麗菜葉切成塊狀，菜心的部分切成薄片，放進耐熱盤，蓋上保鮮膜，用微波爐（600W）加熱2分30秒。
3.倒掉煮馬鈴薯的水，馬鈴薯去皮，取芽，注意不要燙傷，再把馬鈴薯放回鍋子裡，加熱時加入【A】，並搗碎馬鈴薯至呈現平滑狀，再混入瀝乾後切好的高麗菜。
4.將切段的珠蔥灑在上面。

食譜連結：https://oceans-nadia.com/user/26/recipe/132805

第7章

「黃金蘋果」與「大地蘋果」

番茄與馬鈴薯的歐洲

二〇一六年八月底，義大利中部發生了芮氏規模六．二的大地震，尤其傳出災情的地方是很受歡迎的觀光地．拉吉歐大區的阿馬特里切。雖然新聞連日報導，但日本人可能對這塊有名的土地並不那麼熟悉，不過只要說到這是義大利料理番茄培根麵的故鄉，或許會有許多人恍然大悟。

所謂的番茄培根麵，是以番茄醬為基底的簡單義大利麵。真正的義大利道地做法，麵條不會用義大利直麵，而是使用圓胖且中空的筆管麵，其中決定味道的關鍵，則是一種被稱為「風乾豬面頰肉」的醃製豬頰肉，比起培根或五花肉更美味也更鹹，特徵是油脂非常多，所以能讓醬汁的味道更濃郁深層。料理就像是用豬頰肉自身的油脂烹煮出來的一樣，散發著肉香，然後再將番茄醬和煮好的麵條拌在一塊，最後灑上大量用羊乳做成的羅馬諾起司，這就是最正統的吃法。

至於番茄培根麵的其他佐料，最多也就是加進大蒜、洋蔥和辣椒粉，嚴格來說，也有人認為正統做法連這些也沒有必要加入，換句話說，這是一道食材很少的樸素料理，正是因為如此，沒有矇混的空間，讓人能夠享受到最直接的美味。

番茄培根麵

這就是能直接感受到食材美味的番茄培根麵——。但不知道大家會不會感到驚訝，事實上這類菜色以前都是沒有番茄的。番茄在當代被認為是義大利麵或義大利料理的代名詞，但在「發現」美洲新大陸以前，歐洲任何一個地方都找不到番茄這種植物。

所以歐洲人第一次看到這種植物的時候，將它命名為一種自己所熟知的水果，那就是在古代神話、傳說還有聖經中登場的「蘋果」。以前每當有沒看過的植物傳進歐洲時，歐洲人時常將之暫時命名為已知的食物名稱，所以石榴是「迦太基的蘋果」，茄子是「黃金的蘋果」，番茄因為外形與茄子類似，所以也被稱為「黃金的蘋果」或「愛的蘋果」，在義大利到今天都還會稱番茄為「pomodoro（黃金的蘋果）」。

事實上，還有其他蔬果也被冠以「蘋果」之名，像是同樣於大航海時代從新大陸帶過來的馬鈴薯。只要說到馬鈴薯配香腸、啤酒的組合，馬上就讓人聯想到德國料理，此外還有英國的炸魚薯條（炸白肉魚配上薯條）、比利時脆薯、法式薯條（全部都是馬鈴薯條）等等。馬鈴薯現在是歐洲各國都愛吃的作物（對了，例如像是第六章所介紹的，在馬鈴薯大國愛爾蘭還會做成名為馬鈴薯捲心菜泥的料理）。

馬鈴薯的別名是「大地的蘋果」，法語稱馬鈴薯為「pomme de terre」也是指這個意思，德文則是「erdapfel」，和番茄不同的是馬鈴薯感覺與蘋果並不相似，所以從外表來看的話，這別名讓人感到意外，不過事實上，蘋果這種用法是拿來指稱沿著地面生長的南瓜等瓜類全體，所以生長在泥土裡的馬鈴薯也暫時用了這個稱呼。

另一方面，凹凸不平的外表加上生長在地表下的特性，也有人認為馬鈴薯與松露很類似。例如德國一般也會稱馬鈴薯為「kartoffel」，就是從義大利語的松露「tartufo」來的。馬鈴薯因為外表比番茄來得樸素，所以人們在新大陸第一次看到這種作物時，認為它就像是菇類一樣的植物。

17世紀描繪的馬鈴薯

除了玉米，在南美洲原住民之間有兩種食物是主食。一種是Papa（馬鈴薯），這種植物與松露（一種蕈類）類似。水煮的話會變得十分柔軟，就像是水煮栗子，因為和松露一樣生長在地表下，所以沒有殼和果核。葉子和虞美人的一樣；另一種則是非常好的主食，叫做藜麥。

（希耶薩．里昂，《秘魯編年史》第四十章）

這裡出現的「papa」，就是馬鈴薯原產地的稱呼方式，也是英語「potato」的由來。和番茄一樣，原本馬鈴薯是南美安地斯山脈西側山坡一帶的食物，在那裡番茄叫做「tomatl」，由埃爾南．科爾特斯（一四八五～一五四七）等西班牙人帶回歐洲，不同國家的人幾乎都稱按照原來的發音稱呼番茄為「tomato」，而馬鈴薯則被稱為「papa」、「patata」等（除了之前提到的義大利外，其他國家的番茄發音幾乎都類似「tomato」。而西班牙語和義大利語則稱馬鈴薯為「patata」，南美的西班牙語則是「papa」。此外，因為馬鈴薯是在十六世紀末由荷屬雅加達帶進日本，所以日文最初叫做「Jagataimo」，最後音變成為現在的「Jagaimo」。）

如今，全世界都在種植番茄與馬鈴薯，成為非常重要的食用作物。但這些每天經常出現在餐桌上、對我們日本人來說非常熟悉的蔬菜，剛出現在歐洲的時候卻不怎麼為人所接受。番茄與馬鈴薯都是屬茄科的植物，但這個茄科記錄不佳，像是那時歐洲人所知道的顛茄、毒參茄、天仙子等毒性植物都是屬於茄科。

加上番茄的表面特別有光澤，色彩鮮豔奪目；而馬鈴薯外觀則凹凸不平，看起來粗鄙，外表簡陋，完全不會讓人覺得好吃。況且吃馬鈴薯還是吃長在地表下的塊莖部分，實在沒有比馬鈴薯更可疑的作物了。更何況，馬鈴薯有其他蔬果不常見的表皮觸感以及奇妙配色，讓人和生病聯想在一塊，認為吃了馬鈴薯就會生病，或是因為強烈的催情作用而增加性慾。最重要的是，這兩種植物都不是聖經中上帝指示人類可以吃的食物。換言之，這是從「神也不存在的野蠻新大陸」帶來的作物，讓主要信仰基督教的歐洲人在最初並不把它當作食物看待。

《健康全書》中的「毒參茄」插圖。如果拔出毒參茄，毒參茄就會發出斷氣般的叫喊，聽到這叫聲的人會死，所以就出現叫狗拔毒參茄的採收方法

17世紀描繪的番茄

那位克里斯多福・哥倫布（一四五一～一五〇六）「發現」新大陸的時候是一四九二年，但事實上之後歐洲有長達兩世紀以上的時間，不曾讓番茄和馬鈴薯出現在飯桌上，人們不會想碰這些植物，最多就是植物學者、或者一部分的怪人因為有興趣所以種在植物園裡。這些植物幾乎是觀賞用，不太會有人想試吃這些從新大陸帶來的珍奇植物。配色鮮豔的番茄會被富人拿來當作庭院棚架的裝飾，而外表毫不起眼的馬鈴薯隨著時間流逝，也不過是被拿來當做家畜的飼料罷了。

不過，之後發生了改變番茄與馬鈴薯命運、令人意想不到的事態。十七～十八世紀，異常氣候、饑荒與戰爭屢屢侵襲歐洲。事實上無論是番茄也好、馬鈴薯也好，人們會想要把它們放進嘴巴裡的契機，就是這些非常態事件所帶來的強烈饑餓。光是氣候不佳，就會使得原本就生活匱乏的農民在填飽肚子上更成問題，而戰爭奪走人民的積蓄，來自敵國的掠奪行為把儲藏的貴重糧食全部都帶走了。在這種狀況下，馬鈴薯卻意外地讓人看到它強韌的生命力，即使在貧脊的土壤裡馬鈴薯依然可以生存。

原本馬鈴薯就是種植在安地斯山脈的寒冷高地上，所以無論多貧脊的土地，馬鈴薯都不難培育，而且只要將一顆馬鈴薯埋在土裡，很快就會冒出芽來，而且馬鈴薯是在地表下成長，所以鳥類難以啄食，也難以被人偷走。戰爭期間人們把馬鈴薯埋在土裡，躲避敵人的掠奪，在一定的期間內也能直接這樣埋在土裡當作存糧。

正好和它的外表相反，就營養成分來看，沒有比馬鈴薯更優秀的食物了。含有豐富的維他命C，能夠讓人遠離壞血病或冬天的寒冷，而且是芋類作物，所以容易有飽足感，澱粉就更不用說，磷、鉀等礦物質也十分充足。馬鈴薯對又忙又窮的農民來說料理容易，能夠簡單地食用，不管是整顆投到火中烤還是放在鍋子裡煮，不必用到什麼特別的道具就可以搬上飯桌，每個人再自己用手指把皮剝掉、放入口中，總而言之，就是能夠果腹。

但即使這樣說，因為「古怪作物」馬鈴薯的外表看起來太不好吃了，所以在很長一段時間裡人們都對它充滿偏見，像是「吃了不會生病嗎」、「聖經中沒有的食物就和惡魔的食物沒有兩樣」、「即使剝了皮也看起來不好吃，這種東西絕對很難吞下肚」等等，不過也是有一些想打破這些想法的人，如歐洲各國的君主就對打破這種偏見的貢獻很大。

馬鈴薯不只有豐富的營養、也具備高生產量的特質，是不容忽視的作物。以《國富論》一書聞名的英國經濟學者亞當・斯密（一七二三～一七九〇）就曾經說道：「在相同面積的田裡，馬鈴薯的產量是小麥的三倍。」

馬鈴薯地的產量，不亞於稻田的產量，而比麥田的產量大得多。（中略）誠然，馬鈴薯所含水分很大，從這兩種植物所得的固體滋養料，不能與其重量成比例。但是，從馬鈴薯這塊根食物的重量中，即使扣除一半作為水分，一畝地的馬鈴薯，仍有六千磅固體滋養料，仍三倍於一畝麥地的產額。況且，耕作一畝馬鈴薯的費用，比耕作一畝麥地的費用少，而就麥地在播種前通常需要的犁鋤休種來說，所費就超過栽種馬鈴薯的鋤草及其他特殊費用。所以，這塊根食物，如果在將來成為歐洲某地人民的普通愛好食物，正如米在一些產米國家成為人民的普通愛好食物那樣，使得栽培馬鈴薯的土地面積在全耕地中所占的比例，等於現今栽種小麥及其他人類食用穀物的土地面積在全耕地中所占的比例，那麼同一面積的耕地必能養活多得多的人民。

（亞當．斯密，《國富論》第一篇第十一章第一節）

強韌的馬鈴薯在稻米或麥子都長不出來的土地上依然能夠發芽，而且產量與營養價值都極高，是不可錯過的糧食。十七～十八世紀的開明專制君主們看到這點，於是向每天都吃不飽的貧窮農民推廣種植馬鈴薯，有時免費配給種薯、有時教導栽種方法等等，這些君主主要為俄羅斯的彼得大帝（一六八二～一七二五年在位）和普魯士的腓特烈大帝（一七四〇～一七八六年在位），而法國的農學者安托萬．帕門蒂埃（一七三七～一八一三年）則在路易十六世（一七七四～一七九二年在位）時代大力推廣馬鈴薯的重要性並希望得到協助。帕門蒂埃除了研究平常的小麥外，還研究從新大陸帶來的玉米及馬鈴薯。一七七二年法國的最高學術機關法蘭西學術院徵求有關「於糧食不足時能夠代替麵包的植物」的論文時，他的論文被成功錄取。帕門蒂埃參與了英、普、法、奧、俄、西、瑞典等歐洲各國都有參加的七年戰爭（一七五四～一七六三），在普魯士被俘虜時吃到了馬鈴薯，這才注意到馬鈴薯的重要性。據說他為了讓人們更了解馬鈴薯，還送給了路易

帕門蒂埃的肖像畫，手中拿著自己在研究的小麥、玉米、馬鈴薯的花

帕門蒂埃的出生地蒙迪迪耶在車站前豎立了他的雕像，呈現帕門蒂埃正在將馬鈴薯交給農民的情景

十六加工過的馬鈴薯花，可以穿在衣服的扣眼上。以此事為開端，瑪麗・安東妮皇后等宮廷人士間也開始視馬鈴薯為新奇的話題。

但即使如此，馬鈴薯在法國還是不太普遍。帕門蒂埃提議用馬鈴薯取代小麥粉加到麵包裡，而記載此項做法的書籍也被翻譯到義大利等鄰近各國，但這樣做出來的麵包似乎不太好吃，加上人們對馬鈴薯的偏見依舊根深蒂固，除非萬不得已，人們不會想把馬鈴薯放進嘴巴裡。因此不如說早一步將馬鈴薯納入日常飲食生活中的是歐洲西北部、中部地方的農民們，因為那裡土地貧脊，難以種植小麥等穀類作物。

雖然說是歐洲一體，但人們開始吃馬鈴薯的時間卻各不相同。像是土地較貧脊的愛爾蘭和荷蘭等，在十七世紀初期便開始將馬鈴薯作為糧食，其後因為戰爭與常年穀物不足等艱困形勢，使得馬鈴薯變得更為普遍。到了十八世紀，則因為戰爭與饑荒，馬鈴薯普及到各國，至十九世紀時馬鈴薯被東歐及巴爾幹半島諸國所接受。這期間因為受啟蒙主義時代潮流的影響，人們開始摸索新的農業技術並且反思農地的利用方式，於是在每次稻穀收成與下一次收成之間的農暇時期，休耕地就被人們利用來生產馬鈴薯，馬鈴薯就此變得重要了起來。

另一方面，番茄雖然沒有馬鈴薯來得有韌性又營養，但鮮豔的配色、新鮮的酸味和芳醇的香氣實在非常有魅力。就像沒有什麼味道的馬鈴薯在不知不覺間成為能融入各種料理的萬能蔬菜而受到人們喜愛一樣，番茄也以別的形式成為全世界的人們所喜愛的蔬菜，尤其是在義大利、希臘等地中海國家。

不過番茄最初被接受的理由和馬鈴薯一樣，都是因為饑餓。雖然當時的番茄已經是被原產地的人們品種改良過許多次的作物了，但剛傳到歐洲的時候，人們還是因為番茄的皮太硬、味道又太酸而不太能接受，不過對貧窮的農民來說，番茄還是一種偶爾可以吃看看的存在。

番茄現在幾乎可說是義大利料理的代名詞，不過最初引進番茄的是十六世紀半葉的南部那不勒斯地區。當時那不勒斯王國被西班牙所支配，所以在義大利地區，那不勒斯會比其他地方更早取得從新大陸帶來的作物。當時的那不勒斯農民正好為嚴重的饑荒所苦，為了多少降低飢餓感，農民開始思考是否有讓這個奇妙的新作物更好吃的做法。於是人們反覆嘗試、尋找番茄的特性，並一邊利用那不勒斯一整年都比別的地區溫暖、日照時間較長的氣候，一邊進行品種改良，最後終於成功誕生出又大又紅的番茄。

從中世紀開始，那不勒斯人就給人嗜吃蔬果的印象，不過到了這時因為多次的饑荒與流行病，那不勒斯人開始吃起了義大利麵，也正是遇到了義大利麵，番茄才在歐洲構築起它重要的地位。

尚-法蘭索瓦．米勒，《種植馬鈴薯的人》（1861年）

文生．梵谷，《吃馬鈴薯的人》（1885年）

直到十七世紀末期，番茄都還只有一種吃法，就是跟菇類、茄子一樣放到橄欖油裡炸，然後沾著鹽巴或胡椒吃。但後來透過那不勒斯的廚師安東尼奧．拉提尼（一六四二～一六九六）之手，番茄醬食譜終於登場了。將完熟的番茄放在炭火上烤，然後去皮，與切好的洋蔥、辣椒、香草、辛香料、鹽、醋、油等攪拌在一塊，就能做成「西班牙風番茄醬」，番茄從此確立了它作為醬汁的地位。

和馬鈴薯不同，番茄無法像馬鈴薯一樣讓人覺得飽足，但若作為醬汁，番茄則發揮了超群的威力。番茄醬含有豐富美味的麩醯胺酸成分，不只適合義大利麵，還能夠搭配肉、魚、蔬菜等各種食材。番茄的香氣與酸味能夠蓋過食材的腥臭味，也能讓油膩的食物餘味變得清爽，番茄擁有獨特的味道以及加熱或久放後也不太會變化的鮮豔色彩，作為醬汁食用確實很符合以前人們的習慣。而且醬汁便於活用，進而衍生出許多新型態的商機，像是出現做番茄醬沿路叫賣的小販，或是將番茄醬變成罐頭或各種加工食品。

最初被視為珍奇古怪的番茄與馬鈴薯，就這樣變成歐洲最愛的蔬果之一，這些蔬果既便宜又容易取得，無論是新鮮現成的或加工過的都被視為至寶。這些蔬果不只出現在每天做飯時，更在加工食品、冷凍食品、真空食品、罐頭、酒類等多元的領域裡支撐著我們的飲食生活。

十九世紀時，幾乎只以馬鈴薯為主食的愛爾蘭農民們因為馬鈴薯瘟造成的大饑荒（一八四五～一八四九年）而死去許多人，剩下的人不得不去移民至新天地美洲。而在番茄的先進國義大利，則因為貧富差距急遽擴大，為了尋求新的勞動機會而移往歐洲其他國家或美國的人也絡繹不絕。在不熟悉的土地上過著嚴峻生活的移民們，當吃到習慣的馬鈴薯或熱乎乎的番茄醬時，想起故鄉的滋味，身心都得到了療癒。也是在這個時期，人們開始將馬鈴薯與番茄用於款待客人，於是馬鈴薯與番茄的料理方法及其美味更為人所知，最終普及至全世界。

直到二〇一六年，伴隨著先前提到的義大利中部的地震，全世界以「食物」為連結動了起來。為了支援因地震傳出巨大災情的番茄培根麵故鄉阿馬特里切，許多人號召各地的餐廳在菜單上加入番茄培根麵的品項，每賣出一盤就將捐出兩歐元（當時約二三〇日元）至災區。這個活動引起廣大迴響，並受到義大利「慢食運動」的提倡者卡爾洛·佩特里尼、英國出名的料理人傑米·奧利佛等名人的推波助瀾，不只是義大利國內的餐廳，來自世界各國的餐廳都表明會參加此項活動，其中還包含大約五〇間來自日本的餐廳，這項捐款活動受到許多人的贊同。

番茄和馬鈴薯，這兩個完全不同類型的植物，最初都一樣被冠上「蘋果」之名，歐洲人原本對這些不熟悉的作物感到困惑，後來卻迫於需要而接受，於是將這些作物轉變為新的型態，提煉它們成為更好吃的料理。之後又經過移民們的辛勞再度推廣到全世界，現在不只在歐洲，番茄與馬鈴薯也深受日本人所喜愛。

在這以「食物」連結世界的時刻，或許番茄與馬鈴薯現在也是那美麗的「樂園的果實」也說不定。

希臘風烤蔬菜

將大量的蔬菜與番茄淋上橄欖油後送進烤箱，這是一道樸素的地中海家庭料理。做法很簡單，但多汁且香氣濃厚的蔬菜充滿甜味，好吃到令人大吃一驚，請務必加入自己喜歡的蔬菜。

●材料（4人份）

- 馬鈴薯……中型2顆
- 茄子、西葫蘆……各1條
- 洋蔥、彩椒……各1/2個
- 紅蘿蔔……1/2條
- 四季豆……4~5條
- 大蒜……1片
- 番茄……大型1顆
- 橄欖油……1大匙

【A】

- 切碎的義大利香芹……2大匙
- 鹽、乾燥奧勒岡葉……各1/2小匙
- 黑胡椒……少許
- 橄欖油……2大匙

●作法

1.將烤箱預熱至180~200度。

2.將馬鈴薯、西葫蘆、紅蘿蔔、洋蔥切成5mm的厚度。去除彩椒與四季豆的種子與筋，切成適合入口的大小。茄子隨意切成適合入口的大小，並淋上濃度高的鹽水（分量視情況自行爭酌）然後瀝乾水分。大蒜切碎。

3.把步驟2放進大耐熱盤中，並加入【A】，將切碎的番茄與橄欖油混合後淋上去，用錫箔紙蓋住，用烤箱烤30~40分鐘。

4.揭開錫箔紙，攪拌所有食材，然後不用錫箔紙再烤30~40分鐘直到蔬菜呈現焦色。

食譜連結：https://oceans-nadia.com/user/26/recipe/139975

●作法

1.製作蘋果醬。蘋果削皮，去芯，切成薄片，塗上【A】。蓋上錫箔紙用微波爐（600W）加熱5分鐘，仔細地搗碎成泥，置涼後混入肉桂粉。

2.馬鈴薯削皮，去芽，搗碎或剁成馬鈴薯泥，用篩子稍微濾掉水分。搗碎洋蔥。打蛋。

3.將步驟2放到碗裡，加入【B】，攪拌均勻。

4.在平底鍋中倒入1cm的油，開中火預熱後，將步驟3下鍋，攤平成直徑10公分的圓形。

5.不去碰觸薯餅，但要時常搖晃平底鍋讓油均勻散佈，用中小火炸3~5分鐘直到呈現恰到好處的褐色。之後翻面，用同樣的方法再炸一次。

6.用餐巾紙吸掉薯餅兩面的油，盛到盤子上，隨自己的喜好灑上切碎的香芹當裝飾。

◆步驟3放太久的話油水會分離，請仔細攪拌後再放進平底鍋中。

食譜連結：http://www.potatoairlines.com/potato_dishes/germany_02.html

德式薯餅佐蘋果醬

這是被稱為「Kartoffelpuffer」的德式薯餅，因為將馬鈴薯泥炸過，所以外皮酥脆、內餡柔軟，適當的鹹味讓人吃得停不下來。一般會搭配酸酸甜甜、香氣迷人的蘋果醬一起食用，自然恩惠的蘋果是薯餅的絕妙拍檔。

●蘋果醬材料（2~3人份）

蘋果……1/2顆
（※推薦酸味較強的紅玉蘋果、紅龍蘋果等）
肉桂粉……少許
【A】
砂糖……2小匙
水……1/2大匙
檸檬汁……1/2小匙

●薯餅材料（2~3人份）

馬鈴薯……6顆（約670g）
洋蔥……1/4顆
蛋……1/2顆
油……適量
香芹……適量
【B】
低筋麵粉、高筋麵粉……各1小匙
鹽……1小匙
黑胡椒……1/2小匙
肉豆蔻……少許

終章

冬之風景　從聖誕節到狂歡節（謝肉祭）

冬天暗沈灰色的天空陰鬱地垂降而下——。每當年關將近，歐洲各地的人們都在殷殷期盼著聖誕市集開張。

這段聖誕節前的時期被稱為「將臨期」，名稱從拉丁語的「adventus（到來）」而來，如同字面上的意思，將臨期指的就是「等待耶穌降臨的期間」，是為了即將到來的聖誕節（耶穌降生日）做準備的一段時期。

事實上在將臨期有許多事情要做，像是準備給家人與親戚的禮物，因為是人們迫不急待要迎接聖誕節的時期，所以大家都會花很多時間仔細地為節日做準備。現在就讓我們來一窺充滿興奮與歡樂的將臨期。

象徵將臨期最重要的物品就是將臨圈，這是在冷杉樹等常綠樹葉中插上四支大蠟燭的花環。在聖誕節的前四個禮拜中，每週的禮拜日分別點上一根蠟燭，以二〇一七年舉例而言，從十二月三日（日）將臨期第一主日開始，加上十二月十日、十二月十七日、十二月二四日共四個禮拜天，換言之，就像是聖誕節前的倒數計時一樣。

雖然也有些家庭會自己製作將臨圈，不過從十一月底開始，街上的花店或市場到處都會販賣將臨圈，紅色的蠟燭配上綠色的環是常見的組合，不過也有白色或金色的搭配，總之非常多樣。最近因為有人覺得「四支蠟燭有點太多」，所以也有賣只有一支蠟燭的小將臨圈。總而言之，這時期的花店充滿了將臨圈，光是看到這個情景就充滿了節日的愉快氣氛。

將臨圈

同樣在這期間還能看到將臨期日曆，最近在日本也有賣，所以想必應該很多人知道。這個日曆的特色是直到聖誕節為止的每天都是一個小窗格，然後按照日期依序打開格子，格子裡面經常會放巧克力等受歡迎的點心，尤其對有小孩的家庭來說更是不可或缺。

這時期也能看到像這樣不可思議的光景：一個像是大型鐵桶的東西橫放著，周圍散落著許多青綠樹枝。事實上這是販賣聖誕樹的冷杉木店，因為這種店只有這個時期才會出現在附近的停車場等地，所以一開始看到我還「？？？」滿頭霧水。這裡收羅的樹枝當然是真正的木頭，每當臨近聖誕節，全家人就會來到這種地方，用這裡的機器修整樹枝並將自己喜歡的樹枝造型帶回家去，因為對聖誕樹的細節有堅持的人就真的會相當堅持，所以也會有人在寒風中花許多時間挑揀，選完帶回家後，全家人就可以按照自己的喜好裝飾聖誕樹。

販賣聖誕樹冷杉木的場地

一般來說聖誕樹會裝飾到過年，不過歐洲度過聖誕節到跨年這段期間的方式和日本多少有些不同。

街道上的櫥窗都點綴上聖誕節裝飾、大家都興奮地走在街上，這點和日本一樣，但歐洲還多了一個特色，那就是超歡樂的聖誕市集。要說到底什麼樣的店家會出現在聖誕市集上，那多半都是與食物有關的店家。雖然每個國家、地區會稍微有些不同，但因為是在寒冷的季節與石板地上舉辦的市集，所以能夠溫暖身體的熱飲與酒是必須出現的。

再來是能夠搭配飲料的食物，一定會出現的有每個國家都熱愛的薯條或馬鈴薯輕食，還有那個地區特有的美味小吃、甜點等等，像是發源於德國德勒斯登的著名德式聖誕麵包（stollen），就是經常出現在市集裡販賣的食物。

其他還有像是販賣聖誕樹裝飾品的店、販賣大量的湯匙及砧板的木工店、手工藝品店等，更有販賣蜂蜜蠟燭的店、販賣黃芥末醬及辛香料的店、販賣星星造型雜貨的店，就是那顆指引東方三博士知曉耶穌降臨的「伯利恆之星」，總之有各式各樣的店面。這些臨時蓋在廣場上的店，用色彩繽紛的燈泡與裝飾品裝飾，如同玩具箱一樣。聖誕市集將「再撐一下就是聖誕節了……但是，還要再撐一下啊！」的嚴寒冬季轉變成魔法般的快樂與幸福感。

不過這些聖誕市集的結束卻很不過癮，許多城市在十二月二三日就會結束市集，靜靜地等待聖誕節來臨。在聖誕節當日教會會盛大地敲響鐘聲，表示終於迎來新年。

在歐洲，慶祝聖誕節以及新年的方法每個地區都不同，不過大致上都會有一月六日名為主顯節的節日。根據聖經，這是知曉耶穌降生於伯利恆的東方三博士，攜帶著黃金、乳香、沒藥前往慶祝的日子，法國人就是在這一天吃名為國王餅（galette des rois）的點心。

聖誕市集賣蠟燭的店

事實上，在歐洲可稱從將臨期到主顯節的這段時間為聖誕季，在這段期間裡，大家會在跨年夜那天放煙火及爆竹，並且倒數。過完年後，要直到一月六日的早上才會移除聖誕樹。

在日本，感覺從聖誕節到跨年全都洋溢著慶祝的氛圍，但歐洲有些不同，僅有聖誕節才是最主要的節日。甚至可以說大家只有春天的復活節與聖誕節時期才會回到老家與家人共度。而且歐洲還有所謂的將臨期，人們聚在一起的機會自然就變多了，而這時候最重要的食物就是能夠保存的烘焙點心一類。

德勒斯登的德式聖誕麵包

說到聖誕節的烘焙點心，有日本最近也能看到的德式聖誕麵包、義大利的托尼甜麵包（panettone）等，類似麵包的大型點心十分出名。這些使用果乾與洋酒的點心，放越多天越好吃，切一點下來和大家配著茶吃就能度過愉快的時光。

另一方面，和朋友、鄰居聚在一起時，各種形狀與口味的小點心也相當重要。像是被稱為plätzchen的點心，就是指各種種類的德式小餅乾，還有吃起來脆脆的，形狀像月牙的奧地利新月餅乾（vanillekipferl）等等。或者有一些非餅乾類，如芬蘭的聖誕點心風車酥（joulutortu），這是一種在星星形狀的派皮上加上西梅果醬的點心。許多國家都有這類的小點心，也有的點心會放入辛香料或是改良成現代風，口味各式各樣。不過通常在這種場合不光只有吃而已，小點心更可以當作伴手禮，所以幾乎每個家庭都會做先做一堆存放起來以備不時之需。

一旦過了主顯節，歐洲就會暫時再回歸平常的日子，因為下一個如此耀眼的節日，就要等到春天的復活節了。不過二月的時候，一些特定的區域裡會舉辦名為狂歡節的慶典。狂歡節就是要「忘掉世俗的枷鎖，大吃大喝地狂歡！」換言之就是一場開懷暢飲的世俗

狂歡節時期的傳統點心

饗宴。說到狂歡節，現在大家應該會想到那有名的森巴舞，或是充滿豪華的面具與衣裳、深具魅力的威尼斯狂歡節。不過在原本西方基督教世界的天主教圈裡，狂歡節舉行的時間是在大齋期之前。

大齋期是在復活節前的一段節制時期，推崇「不吃肉與安靜生活」（可參照第二、四章），所以狂歡節就是「盡情吃肉，為即將來臨的大齋期做準備」的時期。也有人說狂歡節的語源就是來自拉丁語的「carne vale（告別肉類）」，所以這段時間人們會扮裝走在寒冷的街道上，觀賞嘉年華遊行，並得到嘉年華發的點心，度過快樂的時光。

狂歡節時期的傳統點心

因為狂歡節的主旨就是「在禁慾期來臨前盡情狂歡，大吃一頓」，所以人們吃的東西也絕不含糊。現在除了遊行發的點心是袋裝的以外，看看街道上的麵包店或甜點店，架上全都是像是甜甜圈般油炸並灑滿糖粉的點心，這時期的傳統點心全是看起來高熱量的食物——儘量在健康較為衰弱的寒冷冬季攝取營養，為即將來臨的大齋期做準備，這是從以前就流傳下來的智慧。

在冬季舉辦的狂歡節，多半都是在雪尚未融化的溼滑街道上舉行，但即便是老弱婦孺，每個人都會興致高昂地扮裝，在寒冷的天空下花好幾個小時觀賞嘉年華遊行，每條街道都有屬於那條街道才有的共同吆喝聲，大家齊聲大叫，就像要吹散寒冷那樣笑成一團。只要置身在那樣的氛圍中，即使天寒地凍也會覺得幸福了起來，狂歡節真的是十分不可思議的節日。

在寒冷陰暗的冬季，人們就是靠著這些節慶與知心的家人或朋友度過快樂熱鬧的時光。在這些節日裡，存在著許多好吃的食物、人們的笑顏以及超越寒冷的人情溫暖。

一年過去，當安靜的大齋期結束之時——。

歐洲又再度迎來點綴著歡欣的黃色與綠色、擁有那個燦爛復活節的春天。

後記　從食物看見的世界

餐桌上的一盤料理或是一塊乳酪——。

其實我們能透過「食物」接觸到各式各樣的事物。飲食文化是相當深奧的，因為其中蘊含了浸潤在文化中的人們「是如何思考事物、相信什麼、認為什麼是重要的」等諸多思維。

「哇！這到底是什麼？會好吃嗎？」

當看見不熟悉食物或初次接觸的料理時，我們一定會這樣想。一開始是最樸素的好奇心開啟了一切，想要每天都吃到好吃的，然後對不熟悉的食物或料理開始感到興趣，進而品嚐食物、了解做法、為食物背後的故事感到雀躍——。或許大家每天都在做的事情：因為喜歡吃東西而對料理感興趣，就是了解世界的開端也說不定。

理解人們覺得重要、好吃的東西，事實上非常重要的。互相理解對方覺得重要的事物，然後彼此尊重，那麼即使是看起來再微不足道的事情，裡面也包含著對對方的敬意吧。

理解世界的其中一個入口就是「食物」。

對所有人來說，自己習慣的家鄉菜是任何食物都無法取代的特別料理，所以偶爾嘗試沒有吃過的異國料理，或自己做看看，想像在那個國家或土地上的人們的生活方式，這樣不是很棒嗎？若是這本書能以任何形式成為大家這樣做的動機之一，我會感到相當歡喜。

＊＊＊

這本書的目標，是在每個章節中具體舉出幾個食材或料理，同時讓讀者多少能夠理解歐洲的飲食風景，所以這本書沒有網羅西式料理代名詞的麵包、葡萄酒和肉類等等。因為這些在日本已經有很多人提及，也擁有為數眾多的同好。所以不如說這本書想呈現的是大家一知半解的歐洲四季更迭，並想更深刻地傳達歐洲獨特的氛圍，所以列舉了可說是做菜的基本的油、對我們來說很熟悉的蔬果、還有奶油跟乳酪等乳製品，以及能夠增添料理風味的香草與辛香料等等。

因為這層意義，所以我在各章的結尾也附上了與每章主題相關的歐風料理食譜，雖然各地承繼的鄉土料理、傳統料理或是歐洲常見的料理五花八門，但這本書所選擇的食譜，都是用書中提過的食材做成的料理，讀者能夠實際「品嘗到、感覺到」歐洲風情，也更能享受本書的內容。每篇食譜都附有QR code能連到食譜網站「Nadia」（有一些是連到美國馬鈴薯協會的官方網頁），如果想知道更詳細的做法就可以上網查詢。

當然，光是這本書所介紹的食物仍不足以支撐歐洲飲食的歷史與文化。除了剛才舉出的麵包、葡萄酒、肉類外，鹽巴、砂糖等調味料，從遙遠異國帶來的茶、咖啡、可可亞等飲料，或是啤酒、甜點，以及圍繞這些食物的文化，都是在談及歐洲的餐桌話題時所不可欠缺的。

況且，根據地區不同，和肉類一樣經常被食用的魚類或海鮮，如今也占有一定的地位。另外我相當感興趣的主題之一，就是在嚴寒冬季裡所不可或缺的、製作耐保存食物的智慧。事實上這樣粗略地看下來，似乎歐洲的食物與歷史風景之旅還未看到終點，如果有機會的話我會再向大家介紹的。

不只是「食物」的主題，光是提到「歐洲」範圍就相當廣泛了，因此每個人的感受理所當然都會不同。

對有住過或旅行過歐洲各國的人來說，可能這本書裡有些東西會讓你感覺「這和我在歐洲看過或體驗過的有點差異」。不過這是理所當然的，廣大的歐洲無論從南到北還是從西到東，每個國家的實際情況都差異極大，而且歐洲不同的季節有不同的風貌，這也是它最迷人的地方。即使是在同一個地方旅行、住在同一片土地上的人們，也經常發生每個人對那片土地的印象有些微差異的狀況。

透過閱讀、看電視、聽別人描述，再加上個人的經驗與想法，並透過吃美味的食物、去好玩的觀光景點，直接用身體去感受，每個人一定都會產生世界上獨一無二、只屬於自己的「歐洲」印象。如果這本書能從食物與歷史的視角，帶給大家重新審視自己心中「歐洲」的契機，或是幫助大家找出新的發現或建立更深層的理解，沒有什麼比這個更能讓一位作者高興了。

＊＊＊

為了讓讀者更容易想像本書的內容，所以本書的插圖除了一部分之外，大多是使用我自己照的照片，各章結尾附的食譜也都是我自己製作、拍攝的。

本書所引用的史料，我都是直接引用原本的日文譯文，在書的最後附有一覽表（引用時若出現括弧表示是補充的部分）。此外，關於七一頁普拉提納的出處，我是引用Capatti & Montanari合著的《義大利飲食文化史》（柴野均譯，岩波書店，二〇一一年）這本書的一〇七頁。除此之外的內容，我則參考了許多歐洲語文、日文的資料並加以整理。

人名與地名的表記，我基本上遵從慣例，本書中的希臘有兩種表記方式，古代地名我使用「ギリシア（古希臘）」、現代作為國名時我則使用「ギリシャ（希臘）」。

關於歐洲食物歷史與飲食文化的研究文獻，不管在國內外都汗牛充棟，本書也參考了許多這類的研究，只是礙於篇幅的緣故無法一一列舉出來。為了那些由本書入門、希望能夠讀到更多關於歐洲食物與歷史主題的讀者，本書的最後附有讀書指南，介紹了幾本特別容易取得的日文書。

＊＊＊

在寫這本書的時候，深受柏書房編輯部的八木志朗先生的照顧。食物歷史與食譜的組合，是至今為止尚未出現的新構想，八木先生對此非常關心，也一直給我確實的建議與溫暖的鼓勵，真的非常感謝。另外，十分感謝負責設計適合這本書的美麗插圖與設計的設計師芝山雅彥先生以及其他協助出版的各位，也謝謝可說是這本書的前身、讓我連載歐洲文化與飲食專欄的食譜網站Nadia的各位。也非常感謝經常擔任我的說話對象，給予我許多主意的丈夫。

最後，感謝拿起這本書並閱讀的各位讀者。

二〇一七年七月

作者

讀書指南

【整體】

池上俊一『パスタでたどるイタリア史』岩波ジュニア新書、2011年
石毛直道監修『世界の食文化』シリーズ（特に14～18巻）、農山漁村文化協会、2003～2008年
アルベルト・カパッティ／マッシモ・モンタナーリ『食のイタリア文化史』柴野均訳、岩波書店、2011年
マグロンヌ・トゥーサン＝サマ『世界食物百科　起源・歴史・文化・料理・シンボル』玉村豊男監訳、原書房、1998年
ジャン＝ルイ・フランドラン／マッシモ・モンタナーリ編『食の歴史　I～III』宮原信・北代美和子監訳、藤原書店、2006年
マッシモ・モンタナーリ『ヨーロッパの食文化』山辺規子／城戸照子訳、平凡社、1999年

【油&乳酪】

奥田佳奈子『オリーブオイルのすべてがわかる本』筑摩書房、2001年
トム・ミューラー『エキストラバージンの嘘と真実』実川元子訳、日経ＢＰ社、2012年
ポール・キンステッド『チーズと文明』和田佐規子訳、築地書館、2013年
鴇田文三郎『チーズのきた道』講談社学術文庫、2010年

【香草&辛香料】

リュシアン・ギュイヨ『香辛料の世界史』池崎一郎ほか訳、白水社文庫クセジュ、1987年
フレッド・ツァラ『スパイスの歴史』竹田円訳、原書房、2014年
ゲイリー・アレン『ハーブの歴史』竹田円訳、原書房、2015年

【番茄&馬鈴薯】

ラリー・ザッカーマン『じゃがいもが世界を救った ポテトの文化史』関口篤訳、青土社、2003年
伊藤章治『ジャガイモの世界史　歴史を動かした「貧者のパン」』中公新書、2008年
内田洋子／シルヴィオ・ピエールサンティ『トマトとイタリア人』文春新書、2003年

【月曆&慶典】

八木谷涼子『なんでもわかるキリスト教大事典』朝日文庫、2012年
リサ・モートン『ハロウィーンの文化誌』大久保庸子訳、原書房、2014年

《主要引用史料》

ソポクレス『コロノスのオイディプス』髙津春繁訳、岩波文庫、1973年
『聖書 新共同訳』日本聖書協会、2007年
ブリア＝サヴァラン『美味礼讃（下）』関根秀雄／戸部松実訳、岩波文庫、1967年
大槻真一郎責任編集『プリニウス博物誌　植物篇』八坂書房、1994年
大槻真一郎編訳『新訂ヒポクラテス全集 3』エンタプライズ、1997年、「付録2『サレルノ養生訓』の解説と全訳」
シエサ・デ・レオン『インカ帝国地誌』増田義郎訳、岩波文庫、2007年
アダム・スミス『国富論（上）』山岡洋一訳、日本経済新聞出版社、2007年

《圖片版權》p.73、77、76 以外的圖片取自 Wikimedia Commons。

《合作》

レシピサイト「Nadia」
https://oceans-nadia.com/

パルミジャーノ・レッジャーノ・チーズ協会
http://www.parmigiano-reggiano.it/japanese/default.aspx

米国ポテト協会
http://www.potatoesusa-japan.com/
http://www.potatoairlines.com/

PROFILE

庭乃 桃

料理、飲食文化研究家。東京大學研究所畢業（歐洲歷史與文化專攻）。女子營養大學飲食生活指導師。
以一名料理人的身分積極開發適合企業的食譜，另一方面則以飲食題材的寫作與翻譯為活動重心。

TITLE

歐洲餐桌上的漫遊

STAFF

出版　瑞昇文化事業股份有限公司
作者　庭乃桃
譯者　顏昀真

總編輯　郭湘齡
責任編輯　徐承義
文字編輯　黃美玉　蔣詩綺
美術編輯　孫慧琪
排版　靜思個人工作室
製版　昇昇興業股份有限公司
印刷　桂林彩色印刷股份有限公司

法律顧問　經兆國際法律事務所　黃沛聲律師

戶名　瑞昇文化事業股份有限公司
劃撥帳號　19598343
地址　新北市中和區景平路464巷2弄1-4號
電話　(02)2945-3191
傳真　(02)2945-3190
網址　www.rising-books.com.tw
Mail　deepblue@rising-books.com.tw

初版日期　2018年6月
定價　320元

ORIGINAL JAPANESE EDITION STAFF

協力　レシピサイト「Nadia」
https://oceans-nadia.com/

パルミジャーノ・レッジャーノ・チーズ協会
http://www.parmigiano-reggiano.it/japanese/default.aspx

米国ポテト協会
http://www.potatoesusa-japan.com/
http://www.potatoairlines.com/

装丁・本文デザイン　芝山 雅彦

國家圖書館出版品預行編目資料

歐洲餐桌上的漫遊 / 庭乃桃著；顏昀真譯. -- 初版. -- 新北市：瑞昇文化, 2018.06
160面；14.8 x 21公分
ISBN 978-986-401-244-2(平裝)

1.飲食風俗 2.歐洲

538.784　107006542